KB196938

글쓰기가 쉬운가, 어려운가 물어보면
사람들은 잠시 망설임도 없이 "글쓰기는 어렵다"고
대답한다. 글쓰기가 어렵다고 말하는 사람이
과연 글을 잘 쓸 수 있을까?

글쓰기 어렵다고?

글이란 나의 생각을 쓰는 것이라서
글을 쓰다 보면 '내 생각'이 커가고 '내 삶'이 가치 있게
다가올 것이다. 정리된 생각, 정리된 삶만이
나의 것이 될 수 있다. 지금 당장 글쓰기를 해보라!
그대의 가치가 높아지는 것을 확인하게 될 것이다.

나를 더 가치 있게

글, 어떻게 잘 쓸까 **삶과 글**

윤 학

## 삶과 글

펴낸곳  도서출판 흰물결
펴낸이  박수아
표지그림  조영남

1판 1쇄 발행일  2025년 1월 1일

주   소  06595 서울 서초구 반포대로 150 흰물결아트센터
등   록  1994. 4.14 제3-544호
대표전화  02-535-7004  팩스  02-596-5675
이메일  mail@imreader.com
홈페이지  www.imreader.com
　　　　　www.worldreader.net


값 15,000원
ISBN 978-89-92961-06-6

글, 어떻게 잘 쓸까

# 삶과 글

흰물결

## 글을 잘 쓰고 싶은 사람에게

28년 전 월간지를 맡고부터 제일 간절하게 찾게 된 것이 좋은 글이었다. 고담준론을 늘어놓는 글들은 넘쳐나도 우리의 삶을 진실하게 대면하고 풍요롭게 해주는 글은 드물었다.

머릿속 이론이나 주장으로 살아온 글쟁이들의 글은 지루하기만 했다. 독자들의 마음을 열어줄 글은 없는 것일까, 고민하다 떠오른 생각이 '아름다운 삶을 살아온 사람들의 살아있는 글을 받아보자'는 것이었다.

그런데 그런 사람들은 대부분 글쓰기는 자기와 거리가 먼 어려운 것으로 지레 겁을 먹고 있었다. 글을 써본 적도 없는 사람들이 '글쓰기는 어렵다'고 말하는 이유는 무엇일까.

유심히 살펴본 결과 사람들은 삶의 진실을 쓰려고 하기보다 놀랍게도 삶의 허울을 쓰려고 덤벼들었다. 그리고 기승전 결이니, 화려체니 만연체니… 법칙에 따라 글을 써야 한다는 생각에 얽매여 있었다.

  나는 사람들이 학교에서 잘못 배운 글짓기 굴레에서 벗어 나 자신의 삶을 진실하게 꺼내 아끼는 이들과 교감할 수 있 도록 「에세이스쿨」을 열었다. 사람들은 글이 무엇인지 모르 고 글을 쓰려고 했다. 나는 글이 삶의 진실을 쓰는 것이라는 걸 느끼도록 하는데 온 힘을 기울였다.
  학교에서 글쓰기에 관한 복잡한 법칙을 배우느라 정작 놓 치고 만 글의 본질을 생각하도록 하는 데 집중했다. 글은 왜 쓰는 것인지, 무엇을 쓰는지, 어떻게 쓰는지… 그 결과는 놀라웠다. 한 번도 글을 써본 적이 없다며 글쓰기를 두려워하던 이들이 아주 감동적인 글을 써내기 시작했다. 강의를 듣고 몇 시간 만에 써낸 수강생들의 글을 월간지에 싣기 시작했다. 독자들의 반응은 폭발적이었다.

나는 사람들에게 좋은 글을 쓰도록 하는 것이 의외로 간단하다는 것을 알게 되었다. 90여 회의 글쓰기 강의에 참석한 수천 명의 수강자들이 써낸 '삶이 살아있는' 글들을 대할 때면 나는 더욱 확신을 갖게 된다.

삶의 알맹이를 잃어버린 시대에 삶다운 삶을 살기 위해서 글보다 더 좋은 도구는 없을 것이다. 그래서 나는 더 많은 사람들이 글을 썼으면 하는 마음에서 이 책을 내기로 했다.

글을 쓰다 보면 내 삶이 정리되고 내 삶이 더욱 풍요롭게 되기 때문이다. 글을 잘 쓰고 싶은 사람들에게 이 책이 좋은 길잡이가 되어 줄 것이다.

서초동 흰물결에서

윤 학

# 차례

## 글에 대한 오해

## 글은 왜 써야 하는가

# 글은 무엇인가

# 글은 무엇을 쓰는 것인가

## 글, 어떻게 쓸까

# 글쓰기 왜 어려운가

# 글쓰기 어렵다고?

1    글쓰기가 쉬운가, 어려운가 물어보면 사람들은 잠시 망설임도 없이 "글쓰기는 어렵다"고 대답한다. 글쓰기가 어렵다고 말하는 사람이 과연 글을 잘 쓸 수 있을까?

2    글쓰기가 어렵다고 하는 것은 글쓰기가 어렵기 때문이라기보다 글도 써보기 전에 글쓰기를 어렵다고 생각하기 때문은 아닐까.

3　　수학이 어렵다고 말하는 사람이 수학을 잘할 수 없듯이 글쓰기가 어렵다고 말하는 사람은 글을 잘 쓸 수 없다. 수학을 못하는 이유는 수학이 어렵기 때문일까, 수학을 어렵다고 생각하기 때문일까? 수학을 어렵다고 생각하면 수학을 못할 수밖에 없다.

4　　글쓰기가 어렵다고 지레 겁을 먹으면 글을 쓰려고 시도조차 하지 않을 것이다. 그러나 '글쓰기란 네가 아닌 나를, 네 삶이 아닌 내 삶을 쓰는 것인데 뭐가 어렵겠어?'하고 글을 써보려고만 해도 무엇인가 글감이 떠오르지 않을까?

5　　글이 '나'를, '내 삶'을, '내가 만난 사람'을 쓰는 것이라고 알고 있다면 '내 삶'과 '내가 만난 사람'들이 떠오를 것이다. 그 모두가 얼마나 친숙한 것들인가. 그 친숙한 것들을 쓰는 것이 뭐가 어렵겠는가.

# 내 생애 가장 우아했던 식사

*그녀가 조심스럽게 제안했다. 한 개를 시켜 둘이 나눠 먹자고. 웨이터가*
*얼굴이라도 붉히면 어쩌나 지레 걱정이 되어 잠깐 망설이고 있는데…*

첫 월급을 타던 날, 나는 그녀에게 크게 한턱 쓰고 싶었다. 평소 그녀와 그럴듯한 찻집에서 차 한잔 나누거나 영화 한 편 본 적 없었다. 고작 한강 변 같은 곳에 앉아 있거나 전화로 데이트를 해왔던 터였다.

그날은 시내 중심가 고급 레스토랑에서 만나기로 했다. 그녀가 코트를 벗고 내 앞에 앉았다. 분위기 좋은 이런 곳에서 그녀와 오붓한 시간을 갖는다는 것이 꿈만 같았다.

양복을 단정히 입은 나이 지긋한 웨이터가 다가와 메뉴판을 놓고 갔다. 막 직장 생활을 시작한 나에게 꽤 부담이 되는 음식 값이었다. 그녀가 조심스럽게 제안했다. 한 개를 시켜 둘이 나눠 먹자고…. 웨이터가 혹시 얼굴이라도 붉히면 어쩌나 지레 걱정이 되어 잠깐 망설이고 있는데 그가 다가왔다. 그녀가 조용하게 부탁했다. 나는 긴장이 되었다. 내 우려와 달리 웨이터는 미소를 지었다.

음식이 어떻게 나올지 궁금했다. 웨이터는 두께만 반으로 얇아진 같은 모양의 스테이크를 두 개의 접시에 담아 가져오는 것이 아닌가. 순간 나는 안도하며 그녀와 눈을 맞추고 웃을 수 있었다.

그는 딸려 나오는 음식까지 모두 2인분으로 보기 좋게 만들어 주었다. 주위의 멋쟁이 손님들은 우리가 한 개를 시켜 나눠 먹는다는 것을 전혀 눈치채지 못했으리라. 식사가 끝날 때까지 그는 시종 편안하고 인자한 미소를 보내주었다.


시골에서 상경한 나는 먹고 마시는 데 돈을 쓸 여유가 없었다. 대학을 졸업할 때까지 국밥처럼 양 많고 싼 음식은 사 먹어도 냉면집 한 번 가본 적이 없었다. 큰 음식점 앞에까지 가서도 주눅이 들어 가격조차 알아보지 못하고 슬그머니 피하기 일쑤였다.

한번은 고향 친구가 놀러 와 큰맘 먹고 명동까지 구경 나갔지만 유명한 음식점 앞에서 서성거리다 결국 그냥 돌아왔다.

당연한 일이지만 나는 그녀와 결혼했다. 이제 나도 넉넉하게 살지만 그녀가 입고 있는 옷은 여전히 수수하다. 그러나 그녀의 맑고 따뜻한 마음을 알기에 잘 차려입은 어떤 여성보다 아내가 좋다. 20년이 넘은 지금도 나는 그날의 그 우아한 식사를 잊지 못한다. 상대를 진심으로 배려하는 아내의 마음과 사려 깊은 그 신사의 미소를 떠올리면 지금도 내 가슴은 따뜻해 온다.

# 잘못 배운 글쓰기

1    글쓰기는 어렵다고 확신하며 사는 이유는 무엇일까? 우리가 글쓰기를 잘못 배웠기 때문이다. 학교 다닐 때 선생님들이 글을 쓰라고 하면서 무엇을 가르치던가. 교과서를 보면 '글은 육하원칙대로 써야 한다, 기승전결이 있어야 한다, 문법에 맞아야 한다'고 누누이 강조했다.

2    그뿐인가? 건조체니 화려체니 간결체니 만연체니 문체를 생각하라고 하고, 글의 주제를 먼저 정하고 그 주제에

충실하라고 가르친다. 글을 쓰려면 이 모든 법칙과 가르침에 충실해야 하니 글을 쓰는 시간이 아니라 글 쓰는 법을 따라야 하는 속박의 시간일 뿐이다.

3    글이 주인인가, 글 쓰는 법이 주인인가? 글이 주인이고 글 쓰는 법은 종일 뿐인데 글 쓰는 법이 주인 노릇을 하고 있으니 글을 쓸 수 있겠는가? 그대가 글의 종인 글 쓰는 법을 주인으로 모시면 글은 나오지 못한다.

4    밥은 그냥 먹으면 되는 거라서 밥 먹는 것은 너무도 쉬운데 밥을 먹으려면 수저와 젓가락 운용법, 반찬 씹는 법부터 배우고 밥 먹는 법에 맞추어 밥을 먹으라고 하는 것이 얼마나 억지스러운가.

5    우리는 글쓰기를 너무 어렵게 배웠다. 육하원칙과 기승전결을 따지다 보면 글은 글 쓰는 법에 묶여 앞으로 나아가지 못한다. 글은 생각나는 대로 자유롭게 쓰면 되는 것인데 이런 부자유와 얽매임 속에서 글이 나오겠는가.

# 연애편지 한번 못 써본 내가

*썼다가 지우기를 수없이 반복하며 며칠간 끙끙거렸더니 어느 정도 만족스러운 글이 되었다. 나는 자랑스럽게 아내에게 읽어보라고 한 후 반응을 기다렸다. "글에 논리만 있고 마음은 들어 있지 않다." 그럴 리가…*

십 년 넘게 열심히 법률 일만 하다가 어느 날 나의 여러 경험을 글로 쓰고 싶었다. 하지만 어린 시절 작문시간만 되면 뭔가 감동적인 것을 잘 써내고 싶어 안달했지만 내 글은 늘 졸작이었던 기억 때문에 용기가 생기지 않았다. 그런데 어느 날 잡지사에 다니는 후배가 내게 글을 청탁했다.

10여 일간 정성껏 글을 쓰고 수십 번 가다듬었다. 내 글을 읽고 가슴 뛰는 순간을 갖게 해주고 싶었는데…. 그러나 논리로 가득한 법률문서 말고는 연애편지 한번 제대로 써보지 못한 내가 어떻게 그런 글을 쓸 수 있겠는가. 무수히 썼다가 지우고 또 썼지만 아내와 아이들에게 딱딱한 글이라는 비난만 받았다. 그러나 글을 쓰고 싶은 열망은 식을 줄 몰랐다.

썼다가 지우기를 수없이 반복하며 며칠간 끙끙거렸더니 어느 정도 만족스러운 글이 되었다. 나는 자랑스럽게 아내에게 읽어보라고 한 후 반응을 기다렸다. 아내는 아무 말도 하지 않았다. 성격이 급한 나는 대답을 재촉했다.

그러자 아내는 "글에 논리만 있고 마음은 들어 있지 않다."고 하는 것이었다. 그럴 리가…. 나는 아이들에게도 직원들에게도 글을 읽어보라고 했다. 모두 무얼 주장하려는지는 알겠는데 너무 딱딱하고 재미가 없다는 반응이었다.

대쪽 같은 논리를 펴면 박수를 받을 줄 알았던 나는 맥이 빠졌다. 글쓰기 방법에 관한 책도 사고 유명 작가들의 글도 읽어보며 고심했지만 방향을 잡을 수 없었다.

그러던 어느 날 밤, 잠을 자는데 마음속에 꿈틀거리는 것이 있었다. 새벽녘에 사무실에 나와 책상에 앉았다. 그 꿈틀거림을 글로 쓰는데 마냥 눈물이 흘러나왔다.

나는 그것을 잘 정리하여 아내에게 보였다. 아내의 얼굴에 미소가 피어났다. 직원들도 내 아이들도 모두 만족스러워했다. 그렇게 한고비를 넘기면서 나는 글이란 마음의 움직임이란 것을 알게 되었다. 샘이 없으면 샘물이 솟아나지 않듯이 글 쓰는 사람의 마음에 감동이 없으면 글을 읽는 이에게도 마음의 움직임이 없다는 걸 알게 되었다.

글에 대한 매력을 느끼게 되면서 내 글이 가끔은 사람들의 마음을 치유할 수도 있겠다는 생각이 들었다. 내 가슴 깊숙이에 있던 사랑이 솟아나는 것 같았다.

그런 간절함 때문이었는지 생전 알지도 못하던 분으로부터 어느 잡지를 맡아 해보라는 뜻밖의 권유를 받게 되었고, 나는 잡지를 발행하며 매달 글도 쓰게 되었다. 나는 차츰 주위 사람들로부터 내 글이 재미있다는 말을 듣기 시작했고 지금은 무슨 글을 그렇게 잘 쓰느냐는 칭찬도 받게 되었다.

이제는 사람들이 내 글에 감동이 있다고 한다. 글재주도 없는 내가 쓴 글이 감동을 준다니…. 또다시 새로운 세계를 만난 것 같았다. '소질이 없어도 사람들에게 뭔가를 주려는 마음이 있으면 되는구나.'

사람들은 소질과 재능이 있어야 뭔가를 이룰 수 있다고 말한다. 그러나 소질과 재능도 사랑이 없으면 재주에 불과할 뿐이다. 세상에는 수많은 재주꾼들이 있지만 그 재주를 사용하지 못하는 이들이 얼마나 많은가. 얼굴은 예쁜데 웃지 않는 미녀, 수석을 놓친 적 없지만 등수와 스펙에만 연연하며 누구 한 번 거들 줄 모르는 공부꾼, 목소리는 뛰어나지만 감동을 주지 못하는 성악가….

그동안 나는 소질과 재능 없음을 한탄했지 내게 사랑과 열정이 부족함을 한탄하지는 않았다. 그러니 내가 가진 조그만 재능조차도 잘 쓰지 못한 것이다. 지금 그 잡지는 십여만 명의 사람들의 사랑을 받는 잡지가 되었다.

그리고 나는 더 많은 사람들이 진실이 담긴 좋은 글을 읽었으면 하는 마음에서, 전공을 벗어나 세상을 더 넓게 보았으면 하는 바람에서 <월간독자 Reader>를 발행하고 있다.

# 법칙의 노예에서 못 벗어나면

1   탁구를 잘 치려면 탁구를 잘 치는 사람을 만나 배우는 것보다 더 수월한 방법은 없다. 그런데 탁구 치는 법을 이론적으로는 잘 설명하지만 탁구를 못 치는 사람을 스승으로 모시면 탁구가 얼마나 재미없고 어렵겠는가. 그런데 우리 선생님들은 글을 잘 쓰는 분들이었는가?

2   글을 잘 쓰는 선생은 글 쓰는 법을 말하기 전에 재미있는 글을 읽어줄 것이다. 재미있는 글을 읽어주면 학생들은

재미있는 글을 쓰고 싶은 의욕이 생기고 자기의 삶, 자기가 만난 사람들을 돌아볼 것이다. 그러면 얼마나 글을 쓰고 싶 겠는가.

3  살아오면서 겪은 이런저런 이야기를 어떻게 글로 쓸 것인지 상상만 해보라고 알려줬어도 우리는 글과 가까운 사 람으로 성장했을 것이다. 그런 상상을 통해 글과 친해진 사 람이라면 어디에서건 글이 될 소재를 발견하게 되고 글을 쓰 고 싶은 욕구를 느낄 것이다.

4  글을 쓰고 싶은 욕구가 있는 사람이 글을 안 쓰고 배 기겠는가, 글이 어렵다고 하겠는가. 친구로부터 카톡으로 멋 진 메시지를 받았을 때 답장을 하지 못하고 있으면 좀이 쑤 시지 않던가, 답장 쓰기가 어렵던가.

5  우리는 글쓰기 교육을 잘못 받았다. 글쓰기로 평가를 받는 것이 아니라 글쓰기 법칙으로 평가를 받아왔다. 화려체 냐 우유체냐, 기승전결 중 어디 해당하느냐, 문법이 맞느냐? 그런 글쓰기 법칙에 관한 공부를 하면 할수록, 점수가 높으 면 높을수록 좋은 글쓰기와는 멀어진다.

6    공부를 잘했다는 사람들이 글을 잘 못 쓰는 경우가 허다하다. 교수나 학자, 법조인이나 의사에게 삶을 글로 써보라고 하면 지지리 못 쓰는 사람들이 너무나 많다. 법칙을 잘 습득해 좋은 성적을 얻어 온 사람들은 자신도 모르게 법칙의 노예가 되어 자유롭게 글을 쓸 수 없기 때문이다.

7    삶에 법칙이 있던가. 삶이 글이라면 삶이 자유롭듯 글도 자유로워야 한다. 학교 한번 다니지 않은 할머니가 쓴 글이 감동을 주는 것은 법칙에 익숙하지 않아 자유롭게 '나'를, '나의 삶'을 쓰기 때문이다. '나의 삶'을 쓰는 것보다 더 즐겁고 행복한 일이 있겠는가.

8    글쓰기는 어쩌면 밥 먹는 것보다 더 쉽고 재미있는 것이 아닐까? 밥을 먹으려면 곡식을 마련해 밥을 지어야 하고 반찬도 마련해야 하지만 글쓰기는 이미 내 머리와 가슴속에 저장된 것을 꺼내기만 하면 될 테니까.

# 나는 아이처럼 박수를 쳤다

그를 만나자마자 반해버렸다. 아이디어 하나라도 내면 귀찮아하며
부정적인 반응만 보이던 사람들과는 달리 그는 내 조그만 아이디어에도
이 세상에 좋은 공연장 하나가 생기겠다며 진심으로 기뻐했다.

"층고가 너무 낮지 않습니까?" 공연장 높이를 걱정하자 건축
사는 이렇게 말했다. "층고가 높으면 열손실이 많아 관리비용만
높아집니다."

공연장을 지어본 경험이 있다는 건축사의 말을 듣고 나는 그냥
넘어가고 말았다. 그러나 바로 그 높이가 문제였다. 뒤로 갈수록
객석이 점점 높아져야 하는데 층고가 낮으면 뒤쪽 객석은 관객
의 머리가 천장에 닿아 쓸모없게 되기 때문이다.

또 객석 수가 너무 적으면 비용도 안 나와 공연을 하면 할수록

적자만 보고 결국 문을 닫게 될 것이 뻔했다.

건축사의 몇 마디 말에 천장높이를 충분히 확보하지 못한 것이 몹시 후회가 되었다. 그러나 대학로 소극장에 비하면 꽤 넓은 공간이라 적절하게 설계할 사람만 찾는다면 훌륭한 공연장을 만들어 낼 수 있을 것 같았다.

나는 전문가들을 만나기 시작했다. 그런데 그들은 한결같이 "공간이 좀 더 넓다면, 층고가 좀 더 높다면" 하는 말만 되풀이했다. 공연장 전문가라면서 대학로 소극장에서 공연 한번 본 적이 없는 분들이 대부분이어서 놀랍기도 했다.

작은 홀에 다닥다닥 붙어 앉아 배우들의 작은 표정 하나도 놓치지 않고 함께 울고 웃는 감동을 맛본 적이 있다면 적어도 저런 이야기는 하지 않을 텐데…. 이구동성으로 '예술의 전당'의 넓은 로비와 높다란 무대만 들먹이고 공연에는 애정도 없는 그들에게 공연장을 맡길 수는 없었다.

뉴욕 카네기홀에 처음 갔을 때 나는 안락한 의자를 예상했다. 그러나 좌석은 좁고 무릎도 앞좌석에 닿았다. 그런데도 덩치 큰 서양인들이 몸을 구기고 앉아 불평 한마디 없이 음악에 젖어 드는 것을 보며 나는 당황스럽기조차 했다.

미국 유학을 한 유명 교수에게 일을 맡겼다. 그런데 그는 딱한 번 현장을 방문하고 계약 후에는 조교에게 일을 처리하게 했다. 현장을 꼼꼼히 둘러봐야 하지 않겠느냐고 하면 그는 걱정 말라고 했다.

그의 설계는 앞 뒷줄의 높이차가 너무 커서 객석 수도 형편없이 적고 버려지는 공간도 많았다. 어이가 없어 고쳐 보자고 했더니 너무 객석 수에 욕심부리지 말라고 했다. 그에게 건넨 거액의 설계비가 아까웠지만 결국 그 설계는 버려야만 했다.


그 후에도 전문가라는 분들을 수없이 만나봤지만 크게 다르지 않았다. 내가 직접 해야겠구나 마음먹었다. 건물 구석구석을 수없이 자로 재며 그림을 그려나갔다. 어느 한 곳도 허투루 쓰지 않으려 고심했더니 잠을 자도 공연장이 떠올랐다. 몇 달을 그렇게 보냈더니 밑그림이 잡히는 듯했다.

대형공연장과 국제행사장 공사를 여러 차례 해보았다는 시공 전문가에게 꽤 큰 돈을 들여 공사를 맡겼다. 그런데 진행된 걸 보니 무대는 계획과 달리 높아져 있었고 바닥은 텅텅거렸으며 객석 간격도 일정하지 않았다. 정말 한심했다. 아니나 다를까 그는 다른 사업장에서 큰 적자를 보고 부도를 내고 말았다.

나는 눈물을 머금고 그가 설치한 철재며 목재를 다 걷어내야 했다. 또다시 하나하나 재가며 직접 공사를 하고… 2년 만에야

꿈에 그리던 공연장이 완성되고 첫 공연의 막이 올랐다.

세계적인 피아니스트도, 플루티스트도 연주해 보더니 국내 그 어떤 공연장보다 울림이 좋다고 감탄했다. 설계할 때 내가 불가능한 욕심을 부린다며 피식피식 비웃던 전문가라는 사람들도 어떻게 공간활용을 이렇게 잘했냐며 놀라워했다. 한 유명 가수가 공연장을 이용하더니 동료 가수며 배우들도 소문을 듣고 오기 시작했다.

'사랑의 입맞춤' 음악회에 오신 분들은 정말 감동적인 공간이라며 편지를 보내왔다. 공연장을 만드느라 흰머리도 많이 생겼지만 사람들이 행복해하는 걸 보며 그간의 고생마저도 기쁨으로 다가왔다. 공연장을 지은 지 5년이 지났지만 요즘도 나는 공간을 더 잘 활용할 길을 생각해 보곤 한다.


대학 시절, 내 작은 자취방에는 책상을 놓고 나면 밥상은 물론 이부자리 하나 놓을 공간이 없었다. 책이며 옷, 잡동사니로 방안은 발 디딜 틈도 없었다. 그러나 쓸고 닦으며 정리를 하고 나면 방안은 큼직해졌고 어디에 누워도 편안했다.

그즈음 과외 아르바이트를 하게 되었다. 학생의 집은 큰 정원이 있는 넓은 집이었다. 그러나 집안에 들어서면 먼지 쌓인 가구들이 가득 차 있어 창고처럼 보였다. 그때 나는 부자라고 잘사는 것도, 가난하다고 못사는 것도 아니라는 것을 눈으로 보았다. 공간은 활용하기 나름이라는 사실도….

얼마 전 국립극단 예술감독을 인터뷰하러 갔다. 군부대 차고를 개조한 공연장이 너무나 개성 있고 실용적이었다. 위압감만 주는 천편일률적인 공연장의 모습은 없었다.

그는 내 고민을 듣고 무대디자이너 한 분을 소개해 주었다. 나는 그를 만나자마자 반해버렸다. 그는 그림까지 세세하게 그려가며 그가 가진 모든 아이디어를 아낌없이 주는 것이었다.

대작 '명성황후', '영웅'은 물론 소극장무대까지 정성껏 만들어 온 그의 열정이 나를 흥분시켰다. 대본을 수없이 읽어가며 무대를 디자인하고 첫 공연에는 가슴을 졸이며 관람하는 진정한 전문가였다. 아이디어 하나라도 내면 귀찮아하며 부정적인 반응만 보이던 사람들과는 달리 그는 내 조그만 아이디어에도 이 세상에 좋은 공연장 하나가 생기겠다며 진심으로 기뻐했다.

대부분의 미국대학은 중소도시에 있어서 유학을 가도 널찍한 땅에 지은 지방 공연장만 보게 되고, 한국에 돌아와서는 국민 세금으로 짓는 강당 같은 공연장만 설계하다 보니 아무래도 공간 절약에 대한 고민은 덜 한다며 안타까워했다.

그는 뉴욕 같은 비싼 땅에서는 출입문 바로 옆이 객석이고, 무대에서 나오면 바로 도로일 만큼 공간활용에 최선을 다한다며 객석 하나라도 더 늘릴 방도를 찾아보자고 했다.

그가 그려온 설계는 나를 감동시켰다. 객석 수는 늘어났는데도 좌석은 더 편안해지고 무대는 더 좋아졌다. 나는 아이처럼 박수를 쳤다. 세상에는 사람이 없는 것 같지만 내 기대 이상의 사람이 반드시 있다는 믿음을 그는 내게 심어주었다.

나와 함께할 누군가가 이 세상에 있다는 생각만으로도 가슴이 벅차오른다. 세상에 아름다움을 심는 일에 마음을 다하기만 하면! 이 세상 누구도 예상하지 않았던 예수 한 사람이 내 곁에 와 사랑으로 나를 구하고 인류를 구하듯, 우리 한 사람 한 사람의 작은 사랑도 그냥 사라져 버리지 않고 퍼져가고 있으니 이 얼마나 기쁜 일인가!

# 내 삶이 없다면

1     내 삶을 쓰는 것은 그다지 어려운 일이 아닌데도 왜 글쓰기가 어렵다고 하는 것일까? 그것은 내 삶이 없기 때문이다. 그렇게 말하면 '아니 내가 지금까지 살아왔는데 내 삶이 없다니?' 하고 반문할 것이다.

2     내 삶이 없다는 것은 무엇이 없다는 것일까. 삶은 사람과의 만남이니, 사람과의 만남이 없다는 것이다. 그렇게 말하면 '아니 내가 지금까지 수없이 많은 사람을 만나왔는데

사람과의 만남이 없다니?' 하고 반문할 것이다.

3       사람을 수없이 만났어도 그냥 같은 시간 같은 공간에서 함께 마주했다고 만남인 것은 아니다. 마음과 마음이 만나야만 사람과 사람이 진짜 만난 것이다.

4       내가 어떤 사람을 만날지도 내 생각에 달려있다. 오늘 누구를 만날 것인가? 직장에서 내가 누구에게 물을 것인가? 학교에서 누구와 마음을 나누고 싶은가? 가족 중 누구에게 고민을 털어놓을까? 이 모두를 결정하는 것은 내 생각이다.

5       그런데 내 생각이 없는 사람이 있다. 사람을 만날 때도 사람들이 좋다는 사람만 만난다. 사람들이 이득이 될 거라고 하는 사람을 만난다. 그런 만남은 '사람'과의 만남이 아니라 '소문'과의 만남, '이득'과의 만남일 뿐이다. 그러면 그것은 내 생각으로 만나는 것인가, 사람들의 생각으로 만나는 것인가?

6       사람들의 생각에 따라 사람을 만나면 내 생각으로 사람을 만나는 것이 아니다. 그러면 내 삶이 아니라 사람들의

생각을, 사람들의 삶을 살게 된다. 사람들이 좋다는 삶, 남이 그려놓은 삶을 사는 것이다. 그것은 내 삶이 아니라 사람들의 삶, 남의 삶이다.

7    내 삶이 없는 사람들이 쓴 글은 천편일률적이다. 사람들이 좋다는 삶만 그려놓기 때문이다. 그런 글에서는 이 사람의 삶도 저 사람의 삶도 비슷비슷하다. 이 사람이 쓴 글도 저 사람이 쓴 글도 비슷비슷하다. 많이 가져야 잘 사는 것이라느니, 좋은 직장 다녀야 성공한 것이라느니, 글쓰기는 어렵다느니 그저 그런 뻔한 것일 뿐이기에.

8    내 삶이 없는 사람에게 글을 쓰라고 하면 나의 삶을 쓰는 것 같지만 결국은 남의 삶, 남의 생각을 베끼는 것 외에는 쓸 거리가 없다. 내 삶이라면 어렵지 않게 써 내려갈 수 있을 텐데 남의 삶을 베끼는 글을 써야 하니 글쓰기가 얼마나 고역이겠는가. 더구나 스스로도 재미없는 그런 글을 써봐야 사람들의 반응도 신통치 않을 것이다.

9    결국 읽히지도 않을 지루한 글이라는 걸 자신도 예상하며 글을 쓰려니 글 쓸 의욕이 없게 되고 의욕이 없으니 글

쓰기는 고역일 수밖에 없다. 반대로 사람들과는 다른 나만의 삶, 나만의 생각이 있다면 사람들이 그걸 읽고 재미있어 할 걸 생각만 해도 글을 쓰고 싶은 의욕이 넘칠 것이다. 글쓰기가 얼마나 신나겠는가.

# 내가 찾은 보물섬

"채식을 하십시오." 그동안 만난 의사들은 모두 '수술하지 않으면
곧 암이 퍼져 죽는다'며 다그쳤는데…. 심지어 한의사까지도.
그런데 채식을 하라는 건 수술 없이도 길이 있다는 뜻이 아닌가!

"채식을 하십시오."

그의 말에 내 귀를 의심했다. 그동안 만난 의사들은 모두 '수술하지 않으면 곧 암이 퍼져 죽는다'며 다그쳤는데… 심지어 한의사까지도 "빽을 써서라도 수술 날짜를 앞당기는 것이 살길이다."라고 했었다.

그런데 채식을 하라는 건 수술 없이도 길이 있다는 뜻이 아닌가! 그간 다른 길을 찾고 싶어 나와 함께 고민해 줄 의료인을 찾아 나섰다가 의사들의 수술하라는 틀에 박힌 정답에 몹시 실망

하고 있었던 나는 그의 말에 희망이 생겼다.

그러나 순간 걱정이 밀려왔다. 우리 몸에 꼭 필요한 단백질을 끊으라니! 유명한 암 전문의들도 암 환자는 잘 먹어야 병을 이겨낸다고 하지 않았던가. "유황오리는 몸에 좋다던데 괜찮겠죠?" 눈치를 살피며 조심스럽게 물었다.

그는 딱한 표정을 지으며 동물성 성분은 채식의 효과를 떨어뜨린다고 했다. 그래도 불안해 "멸치라도 먹어야 하지 않습니까?" 그는 채식을 해도 단백질과 지방까지 공급된다며 세심하게 설명해 주었다.

처음 만난 그가 그 어떤 싫은 내색도 하지 않고 한 시간이 넘도록 내 마음을 살펴주는 모습에 잔잔한 감동이 일어났다. 그의 말을 따르기로 마음먹었다. 그런데 막상 채소만 가득한 식탁에 앉아 밥을 먹자니 울컥한 마음이 들었다.

그는 고액 치료도 받지 말라고 당부했다. 하느님은 온 세상에 널려있는 푸성귀로 돈 없는 사람도 병에서 벗어날 수 있도록 우리 몸도 만들어놓으셨다는 것이다. 병 고치는 데는 고가의 약재나 식품이 오히려 방해가 된다고 강조했다. 값비싼 치료부터 권하는 의료인들을 수없이 만나면서 환자가 봉이라는 생각에 씁쓸했었는데…. 그는 내가 알던 상식을 모두 뒤집어버렸다.

나는 고기 먹고 싶은 것을 꾹 참고 채식을 해나갔다. 채소와 과일이 이렇게 맛있었다니! 한입 베어 물면 달콤하게 감겨드는 사과의 향, 그 사과를 갈아 레몬즙을 살짝 뿌려 내오는 샐러드, 톡 쏘면서도 상큼한 겨자잎, 노릇노릇 살짝 구워낸 새송이버섯의 감칠맛, 맑고 시원한 물김치….

아침이면 아내가 고운 앞치마를 입고 하얀 식탁에 알록달록 신선한 자연의 성찬을 내어놓는다. 부드럽게 감겨오는 토마토 한 조각, 빨강 노랑 주황 파프리카 색은 왜 그렇게 명랑한지. 그 아름다움에 황홀해하며 채소와 과일을 입에 넣으면 아삭아삭 소리를 내며 상큼한 향이 입안 가득 고인다. 나는 그동안 왜 이런 맛을 몰랐을까?

채식을 하니 터져나갈 듯 조여 왔던 바지가 헐렁해질 만큼 살이 빠지면서 피부가 늘어져 고민이 되었다. 그런데 몇 달 후 샤워를 하면서 깜짝 놀랐다. 피부에 오히려 탄력이 생기고 몸매도 근사해진 게 아닌가.

처음에는 기력이 떨어지는 듯해 걱정했는데, 얼마 전부터는 한 시간 이상 탁구 스매싱을 할 만큼 힘이 솟는다. 머리도 예전보다 맑다. 수술도 항암도 받지 않았는데 나는 의사들의 말과 달리 예전보다 더 건강한 모습으로 살아있다.

나는 암과 세포에 관한 의학 서적은 물론 물과 산소에 관한
책, 뇌과학, 영양과 운동, 양자의학, 전통의학, 명상 그리고 자연
의학과 심신의학에 관한 책까지 꼼꼼히 골라 읽기 시작했다. 그
러면서 채식도 중요하지만 내 마음가짐과 생활태도를 바꾸면 병
에서 벗어날 수 있을 뿐만 아니라 더 신나는 삶을 살아갈 수 있겠
다는 자신감이 생겼다.

　　내가 지금까지 접해보지 못했던 신비로운 세상이 내 앞에 펼쳐
졌다. 육체와 정신, 영혼을 다룬 책들을 읽을 때면 나는 보물섬
을 발견한 듯 행복하다.

# 내 삶이 없다는 것을 안 받아들이면

1    결국 글쓰기가 어려운 것은 내 삶이 없기 때문이다. 학교에서 배운 글 쓰는 법이 아무리 나를 속박하더라도 내 삶을 쓰고 싶은 마음이 넘치면 그 법을 뛰어넘을 수 있다. 글쓰기가 어렵다는 사람은 내 삶이 없다는 것을 먼저 받아들여야 글을 쓸 수 있다.

2    날마다 TV 보는 것으로, 휴대폰으로 쏟아지는 정보만 보는 것으로 하루를 만족하며 사는 사람에게는 '남의 삶'

은 있지만 '내 삶'이 있겠는가.

3    사람을 만나도 뉴스, 미디어에서 얻은 정보와 지식만 입에서 쏟아내는 사람은 정보와 지식을 만나는 것일 뿐 앞에 앉은 사람은 만날 수 없다. 사람과 만나야 '내 삶'이 있는 것인데 사람을 만나지 못하니 '내 삶'이 있을 리 없다.

4    TV 속 연애 장면을 보고 감동만 하는 사람에게는 연애라는 '내 삶'이 있겠는가. TV만 보지 말고 실제로 연인을 만나 사랑도 하고 싸움도 하고 대화도 하고 도움도 주고받아야 연애라는 '내 삶'이 생기지 않겠는가.

5    내 삶이 없는 사람은 글을 영영 쓸 수 없는 것일까? 글쓰기가 어려운 것은 내 삶이 없기 때문이라는 것을 인정한다면 그에게 어떤 일이 벌어질까?

6    내 삶이 없다는 것을 자각하는 것이 글쓰기의 첫걸음이다. 내 삶이 없다는 것을 자각할 때 그는 내 삶을 만들기 시작할 것이다. 그런 마음을 먹는 순간부터 내 삶은 즉시 만들어진다.

7     내 삶이 없다는 것을 자각한 사람은 '남의 삶'이 아니라 '내 삶'을 살아야 한다고 결심할 것이다. '내 생각'으로 세상을 살아야겠다고 다짐하면 내 삶도 생겨날 것이다. 그러면 자연스럽게 글이 쓰고 싶어져서 글이 쏟아질 것이다. 그는 말하게 될 것이다. 글쓰기처럼 쉬운 것은 없더라고.

# 산소를 만드는 여인

'환경보호'를 외치며 누군가를 비난만 하는 것은 아무 소용이 없다.
누군가 열 그루 나무를 베면 누군가 열한 그루 나무를 심으면 되는 것이다.
그녀는 전 재산을 털어 니카라과에 서울시만 한 땅을 사서…

　내가 이 박사를 만난 것은 뉴욕의 할렘에서였다. 한국인들이 보통 피한다는 할렘에서 사는 것도 신기했지만 그곳에서 공연장과 갤러리를 운영한다는 말에 무작정 그녀를 만나기로 했다.
　학교 건물을 사서 그녀가 손수 리모델링했다는 아파트 1층에 극장 간판이 조그맣게 붙어 있었다. 맨 위층 엘리베이터 문이 열리자 바로 넓은 홀이었고, 은발의 우아한 여인이 환하게 웃으며 팔 벌려 맞아주었다. 홀에는 그랜드 피아노와 커다란 한국의 북이 묘한 조화를 이루고 있었다.

서양 사람처럼 보이는 그녀와 편안한 대화가 가능할지 걱정이
되었다. 그런데 의외로 그녀는 미국에 막 와서 겪었던 일부터 자
신이 살아온 날들을 아주 솔직히 털어놓았다.

그녀는 세계 최고의 암연구소로 알려진 슬로안 케터링 암센터
에서 일했는데, 세계 최초로 에이즈의 존재를 알아내 미국 정부
에 보고하자 그것을 마치 정부 연구기관에서 발견한 양 발표해
버리는 걸 보며 조금씩 과학계 밖의 세계에 눈을 뜨기 시작했다.

노벨상 후보에 오를 만큼 업적을 쌓고 수백 명의 연구원을 이
끌던 그의 보스가 연구소의 재정을 지원하는 기업에서 갑자기
해고를 결정하자, 하루아침에 직장을 잃고 축 처진 어깨로 생계
를 걱정하는 걸 보며 남들이 알아주는 과학지식이나 직위도 허
망한 것이라는 생각을 하게 되었다.

정부 정책이나 기업의 필요에 따라 과학지식이 과장되거나 오
용되기도 하고 진실이 뒤집어져 버리는 경우도 종종 목격하게 되
었다.

더구나 그녀가 인체를 연구하면 할수록 과학이 발달했다는 오
늘날에도 생명의 근간인 세포에 관해서조차 인간은 그 얼개만
알 뿐 그 어마어마한 기능이나 내용에 관해서는 걸음마 단계라
는 것을 알게 되면서, 앞으로 그 보잘것없는 지식으로 더 큰 오류

에 빠져들 수 있다는 것도 생생히 느끼게 되었다.

그녀는 결국 과학계를 떠났다. 유명 대학 생명과학 박사학위를 받고 세계 최고의 암연구소에서 일하면서 지식과 이론으로 사는 삶이 얼마나 헛된 것인지를 깨달은 것만으로도 그동안 공부했던 것이 아깝지 않았단다. 도리어 세상에 실제적인 일을 해야겠다고 마음을 먹게 되는 큰 소득을 얻었다는 것이다.


그녀의 이야기를 들으면서 나도 내가 공부해 온 법학을 생각해 보았다. 수천 년간 정의 실현을 외쳐온 법학이 과연 정의로운 세상을 만들었는가? 법학이 눈부시게 발전한 오늘날 세상에 불의는 넘쳐도 정의는 실현되지 않고 있다.

민주국가에서 민주가 사라지고, 노동자의 천국에서 노동자가 억압받고, 종교의 이름으로 아집이 넘쳐나는 이 이론과 실제의 부조화는 어디서 온 것인가? 잠시 이런 생각을 하는 사이 그녀가 자신의 꿈을 이야기했다. 오존층이 파괴되고 지구가 더워지는 것은 환경이 파괴되어 산소가 부족하기 때문에 생기는 문제이고 그것은 인간의 생명과 직결되는 일이다.

그런데도 세상에는 환경을 파괴하는 사람들이 너무나 많다. 하지만 필요에 의해 나무도 베어져야 하고, 생계를 위해 환경을 파괴할 수밖에 없는 사람들도 많다. 그러므로 '환경보호'를 외치며 누군가를 비난만 하는 것은 아무 소용이 없다.

누군가 열 그루의 나무를 베면 누군가 열한 그루의 나무를 심으면 되는 것이다. 그녀는 나무를 심기로 마음먹었다. 좋은 목표를 세웠더니 큰돈도 모아졌다. 그녀는 전 재산을 털어 아직 땅값이 비싸지 않은 니카라과에 서울시만 한 땅을 사서 나무를 심기 시작했다. 지구에 산소 10리터가 없어지면 누군가 11리터의 산소를 만들어내면 된다는 신념으로….

그녀의 방에는 식물에 관한 책이며 생명과학에 관한 논문이며 최근의 잡지며 성경까지 갖가지 책이 가득 쌓여 있었다. 누구를 비난하는 것만으로 정의를 세운 양하고, 자신이 공부한 분야도 제대로 모르면서 세상을 다 아는 것처럼 떠들어대는 외눈박이 사람들과 너무도 달랐다.

모든 것을 팔아 마련한 그 땅에 나무를 심은 후 니카라과 정부에 그 땅을 기증하면 자신이 죽더라도 세상의 누군가에게 그 산소는 계속 공급되지 않겠냐는 것이었다.


요즘 우리 사회가 환경운동, 인권운동은 물론 노동운동, 민주운동, 교육까지도 모두 비난과 고발 일색이어서 가슴이 답답했는데 그녀가 그런 내 가슴을 시원하게 어루만져주는 듯했다.

그녀는 지구에 산소를 무한정 공급하는 적극적인 환경운동을 시작한 것이다. 그것은 입만으로 하는 고발, 비난 운동에 비해 훨씬 어려운 일이다. 넓은 땅을 구해야 하고 나무를 심어야 하고 수십 년간 끊임없이 돌봐줘야 할뿐더러 자신이 죽은 후에도 잘 관리될 수 있도록 계획해야 하는 인간의 한계 밖의 일에 도전한 것이다.

그러나 나는 그것이 가능함을 안다. 신은 인간에게 유한한 생명을 주었지만 신이 가진 영원성도 함께 주었기 때문이다. 그녀가 심은 여러 종류의 묘목은 지금 니카라과에서 싹을 틔우고 있고 수십 년이 지나면 큰 나무로 자라있을 것이다. 그리고 거기서 나오는 산소가 분명 내 아이들의 생명을 살릴 것이다.

우리의 작은 눈으로 보면 그녀가 생명과학계를 떠난 것 같지만 우주는 그녀가 진정한 생명과학자임을 확인해 줄 것이다. 환갑을 넘긴 그녀에게서 잠시도 떠나지 않는 미소와 사랑, 열정을 보며 앞으로 나도 더 아름다운 꿈을 실현할 수 있겠다는 희망을 갖는다. 그녀와 함께한 시간이 행복했다.

글에 대한 오해

# 이론이나 주장이 글인가?

1    사람은 정직하고 성실해야 세상을 잘 살 수 있다는 '이론'이 글이 될 수 있을까? 불경이나 성경에서 읽은 내용을 글자 몇 자 바꿔놓고 사람은 이렇게 살아야 한다고 하는 가르침이 글이 될 수 있을까?

2    이론이나 주장을 늘어놓는 글은 누군가 이미 글로 썼던 내용을 되풀이하는 경우가 대부분이다. 그래서 그런 글은 남의 생각, 남의 글을 베끼는 글이 되기 쉽다. 더 솔직하게

말하면 남의 생각과 글을 도둑질한 것이다.

3    삶은 주장이나 이론이 아니다. 실제로 내가 살아내야
만 삶이 된다. 그런데 글을 쓰라고 하면 이론이나 주장을 잔
뜩 쓰고서 남을 가르치려 드는 사람들이 있다. 스스로 그 주
장이나 이론대로 삶을 살지 못하면서 남에게는 그 이론이나
주장대로 살라고 하니 얼마나 위선적인가. 글은 진실한 것이
지 위선의 탈을 뒤집어쓴 가면은 아니다.

4    이론이나 주장을 글로 늘어놓는 사람은 글로 쓸 수 있
는 자신의 삶이 없기 때문이다. 글로 쓸 수 있는 삶이 있는데
굳이 이론이나 주장을 쓰려고 하겠는가. 살면서 겪은 귀중한
사건들을 전해주고 싶어 견디지 못할 것이다. 그런 귀중한
삶의 열매가 없는 사람들은 이미 남이 써놓은 글을 읽고 머
릿속에 집어넣어 두었던 이론이나 주장밖에 쓸 내용이 없는
것이다.

5    세상에는 이론과 주장이 넘쳐난다. 사람들은 이론과
주장을 미화하고 신봉한다. 공산주의니 민주주의니 자유니
평등이니 복지니 떠들지만 그 어떤 이론과 주장도 그 이론과

주장대로 실현되던가. 그것은 이론과 주장이 진리는 아니기 때문일 것이다. 그런데 진리도 아닌 이론과 주장을 진리처럼 쓰는 것은 거짓을 진실보다 신봉하는 것이 아닐까.

6    이론과 주장과 달리 내가 살아낸 삶을 그대로 옮기는 것보다 더 진실한 것이 있을까. 삶의 진실보다 더 진리다운 진리는 없을 것이다.

# 차츰 논리에서 멀어져

*사랑만 있으면 글을 못쓰는 사람도 글을 쓸 수 있고, 음치도 노래를
만들 수 있다는 새로운 세계로 들어선 것 같아 가슴이 뛰었다.*

어릴 적 나는 아침마다 전날 밤 숙제한 공책을 어디에 두었는
지, 필통은 어디에 있는지 찾느라 온 집안을 뒤집어놓을 만큼 기
억력이 없었다. 그런데 신기하게도 무엇을 논리적으로 풀어내라
고 하면 신이 났다. 적성검사를 하면 수학자나 과학자, 판검사와
같은 직업이 나에게 맞다고 나왔다.

그런 논리적인 머리 덕분에 나는 그 빈약한 기억력에도 불구하
고 서울대학에도 가고 사법시험에도 합격했는지 모른다. 그러나
그 논리적인 머리가 나를 늘 외롭게 했다.

누구를 만나든 자연스레 그 사람의 빈틈이 눈에 들어왔고 그 빈틈을 메워주고 싶어 말을 꺼내면 상대는 자기를 공격하는 줄 알고 방어를 하고 나는 더 논리적으로 반박하게 되어, 사랑으로 시작했는데 사람들이 나에게서 멀어져갈 땐 당황스럽고 가슴이 아팠다.

그럼에도 나는 논리적으로 상대의 허점을 파고 들어가야 하는 변호사 일을 하면서 더욱더 논리적인 사람이 되어가고 있었다. 또 빈틈을 노려 누구를 논리적으로 공격해 가는 것은 내 적성에도 딱 맞는 일이라 시민운동이라는 명분으로 국가적으로 떠들썩한 문제들에 끼어들어 이름을 날리고 싶은 욕구도 생겼다.


그러던 어느 날 밤, 아내와 베토벤 음악을 들었다. 그 환상적인 선율에 잠을 이룰 수 없었다. 새벽이 되어서야 잠깐 눈을 붙였다가 사무실에 출근했는데 온통 논리의 틀에 갇힌 내가 그렇게 부자유로운 사람으로 느껴질 수가 없었다.

집에 돌아가 또 음악을 들었다. 음악에는 우주를 넘나드는 자유로움, 신과 속삭이는 고결함이 있었고 사람에 대한 사랑이 있었다. 아, 나도 저런 품격 있는 삶을 살 수 없는가! 머리가 아닌 가슴으로 살아가고 싶었다. 그러나 머리로만 살아온 내가 무엇을 할 수 있다는 말인가.

학창 시절 나는 음악 시간만 되면 머리가 아팠다. 심한 음치에 기억력까지 없어서 방금 들은 노래도 다시 부르라고 하면 음정, 박자는 물론 가사도 생각나지 않아 우스꽝스러운 소리만 나왔다. 그래도 나는 자부심을 갖고 있었다. 논리적으로 따지는 데는 나를 따를 자가 별로 없다고 믿고 있었기 때문이다.

그런 내가 며칠간 베토벤 음악을 들으면서 내 모습을 보기 시작했다. 논리의 틀, 세상의 틀에 갇혀 있던 나는 '내가 뭔가를 이루어야만 한다'는 집착 속에서 안절부절 살아왔다. 그런데 음악을 들으면서 무엇이 나를 이렇게 행복하게 하는가 곰곰 생각해 보게 되었다. 음악에는 누구보다 앞서려는 경쟁이 없었고, 자신만을 채우려는 욕망도 꿈틀대지 않았다. 음악 같은 삶을 살아야겠다고 다짐했다.

오페라 아리아를 들을 때면 사람들이 그 아름다운 선율에 담긴 뜻을 알고 싶을 거라는 생각이 들었다. 그 아름다움을 우리말로 표현해 낸다면…. 그러나 우리말로는 발성도 어렵고, 어순과 음절이 달라 번역조차 힘들어 우리말 오페라는 거의 실패였다고 했다.

그래도 나는 포기하고 싶지 않았다. 우리말에도 뜻을 잘 담을 수 있는 아름다운 단어들이 있다는 믿음이 있었다.

노래를 몹시 좋아하는 성악가를 옆에 앉혀두고 한 소절 한 소절 노래를 부르게 하며 우리말 가사를 붙이기 시작했다. 그런데 이게 웬일인가. 가사가 술술 풀려나오는 것이었다. 작업을 하던 내가 어리둥절할 지경이었다. 그동안 글을 쓰면서 독자들에게 잘 전해야겠다는 마음에 뜻이 분명하도록 다듬고 또 다듬어 왔는데 나도 모르게 필력이 쌓인 것이라는 생각이 들었다.

사랑만 있으면 글을 못 쓰는 사람도 글을 쓸 수 있고, 음치도 노래를 만들 수 있다는 새로운 세계로 들어선 것 같아 가슴이 뛰었다. 내가 만든 가사를 불러보던 성악가도 신기한 얼굴로 행복해했다.

나는 차츰 논리에서 멀어져 가고 있다. 머릿속 내 능력이 아닌 내 가슴 속 사랑으로 자연스러운 사람으로 살아가는 것이 얼마나 아름다운지…. 사람에 대한 사랑만 있으면 이 세상에 못할 것이 없다는 믿음을 내 가슴 깊이 간직하게 된 것이 내 인생 최고의 성공이 아닐까.

# 남의 삶이 글인가?

1    글은 삶이라는 샘에서 나오는 샘물이다. 샘이 마르면 샘물도 마르고 만다. 삶이 없는데 글이 나올 수 있을까?

2    내 삶이 없는 사람들이 있다. 내 삶이 없는 사람들은 남의 삶을 쓸 수밖에 없다. 그대가 베토벤의 삶을 쓴다고 생각해 보라! 그대는 베토벤을 만난 적도 없고 베토벤이 직접 쓴 글을 읽은 적도 없다. 그대가 읽었던 것은 기껏해야 베토벤이 아닌 누군가가 쓴 글을 읽었던 것이다. 그런데도 베토

벤을 그리려 하고 있으니….

3    누군가가 그대의 삶을 글로 썼다고 가정해 보자. 그
누군가의 글이 그대의 삶을 제대로 표현할 수 있겠는가. 그
대도 그대 자신에 대해 모르는 것이 많은데 남이 그대의 삶
을 그려낼 수 있다고 한다면 그것이야말로 허구일 것이다.

4    베토벤이 아닌 누군가가 베토벤을 썼다면 그는 베토
벤을 쓴 것이 아니라 자기가 그려내고 싶은 베토벤을 쓴 것
이다. 그런데 그대가 그걸 읽고 베토벤을 그려낸다면 그것이
베토벤의 삶이겠는가?

5    글을 많이 읽었다고 글을 잘 쓸 수 있는 것은 아니다.
베토벤에 관한 책을 아무리 많이 읽었다고 해도 베토벤을 제
대로 그린 글을 읽은 것이 아니라면 그대는 베토벤의 삶을
읽은 것이 아니다. 베토벤의 삶이 아니라 글쓴이가 그려낸
글짓기를 읽었으니 그대는 베토벤의 삶을 읽은 것이 아니라
베토벤의 지어낸 삶을 읽은 것이다.

6    그대가 그대의 삶을 썼다 할지라도 그것이 그대의 삶

을 그대로 그려내지 않는 글이라면 그것은 그대의 삶을 쓴 글이 아니다. 그것은 '삶인 척하는 삶'을 쓴 글짓기일 뿐이다. 착한 척하는 것은 착하지 않은 것이듯.

7    삶이 없는 사람들은 글을 쓸 수가 없다. 그래서 그들은 나의 삶이 아닌 베토벤의 삶을, 프란치스코 교황의 삶을 쓰려고 한다. 그러나 곰곰 생각해 보라! 베토벤을 만나지도, 교황을 만나지도 않은 사람이 글을 쓴다면 누군가가 쓴 글을 읽고 누군가가 그려낸 영상을 보고 글을 쓴 것이다. 그것은 글쓰기가 아니라 남의 글이나 영상을 베낀 해적질이 아닐까.

8    글을 쓴다고 하면서 실제로 해적질만 하는 사람들이 있다. 그들은 왜 그러는 것일까. 그대가 열심히 일해서 먹고 입을 만큼 충분한 재산이 있다면 해적질을 할 리 없다. 그러나 게으르게 살면서 가진 것이 없을 때는 해적질이라도 하려고 할 것이다. 마찬가지로 내 삶이 있는 사람이 남의 삶을 쓰려고 하겠는가. 내 삶이 없기 때문에 남의 삶을 쓰는 것이다.

9    '내 삶'의 내용이 빈약하기 짝이 없다면 남이 '내 삶'을 쉽게 그려낼 수도 있다. 그러나 '내 삶'의 내용이 충실하면 충

실할수록 남이 그려낸 '내 삶'은 겉핥기에 불과할 것이다. '내 삶'의 내용이 충실할수록 '나'만이 '내 삶'을 제대로 그려낼 수 있지 않겠는가.

# 그가 베낀 글

*그때 나는 아무리 유능한 작가도 스스로 경험하지 않고는*
*진실한 글을 쓸 수 없다는 사실을 알게 되었다.*

월간지를 처음 맡고 나서 유명한 소설가에게 수필 한 편을 써 달라고 부탁했다. 원고가 왔는데 어디선가 읽었던 글 같았다. 기억을 더듬어봤더니 남의 글을 베낀 것이 분명했다. 그에게 전화를 했다. 그러자 그의 말이 걸작이었다.

"스토리는 같아도 표현은 많이 다듬었다. 내 경험은 이미 글로 다 써버려서 밑천이 떨어졌다."며 허허 웃었다. 일류대학 국문과를 나온 유명 작가인 그가….

그때 나는 아무리 유능한 작가도 스스로 경험하지 않고는 진실한 글을 쓸 수 없다는 사실을 알게 되었다. 그래서 글 한번 써 본 적 없지만 진실하게 살아온 사람들의 경험을 글로 쓰게 하고 싶기 시작했다. 독자들은 감동을 받았다며 편지를 수없이 보내 왔다.

　얼마 전 인공지능 '알파고'가 세계 최고의 바둑왕을 이겼다. 그 러자 이제는 의사, 판사, 회계사들까지도 인공지능에 일자리를 내어줄 것이라며 걱정하는 목소리가 높다. 마찬가지로 인공지능 은 축적된 데이터를 바탕으로 그 소설가처럼 멋지게 다듬어진 글 을 우리에게 보내줄 것이다. 이미 출판된 글들을 멋들어지게 조 합해 내는 데 인공지능을 따라갈 사람이 있을까?

　그러나 글의 생명은 진실인데 자신이 경험하지 못한 세계를 마 치 경험한 것처럼 쓸 수밖에 없는 인공지능이 만들어낸 생명 없 는 글에서 우리는 무엇을 느낄 수 있을까.

　거짓 글들이 난무할수록 진실이 담긴 글을 그리워하듯 인공지 능이 능력을 발휘하면 할수록 우리는 인간의 혼이 담긴 것들을 더욱 그리워할 것이다. 결국 알파고의 승리는 우리가 기계도 해 낼 수 있는 능력을 키울 것이 아니라 인간으로서의 품격을 높이 는 데 관심을 기울이라는 경고가 아닐까.

　주산왕이었던 은행원 친구가 있었다. 그는 식당이나 공연장에

들어서면 순식간에 손님들 머릿수를 세어 얼마를 벌 거라고 계산해 주었다. 집을 살 때도 몇 년 후 얼마가 오르면 그동안 은행 이자가 얼마, 이득이 얼마라고 하면서 자신의 빠른 암산 능력을 과시했다.

식당에서는 맛있게 밥을 먹고, 공연장에서는 공연에 빠져들고, 집을 살 때는 가족이 얼마나 행복하게 살 수 있는지가 우선인데도 매번 숫자를 들이대는 바람에 어안이 벙벙해지곤 했다.

이제 인간은 능력이나 지식을 기계에게 맡길 때가 되었다고 '알파고'는 우리에게 외치고 있다. 예전에는 은행에서 1원이라도 계산이 틀리면 직원들이 셔터를 내리고 밤을 새워 가며 맞춰야 했다.

인간이 일의 노예가 되어야 했던 그 시절, 가족과 함께 저녁 식탁에 앉아 대화를 나누고 음악을 들을 시간이 있었던가. 그런데 인공지능이 우리 몸을 정확히 진단해 주고 공정한 판결을 해주며 적정한 세금을 내도록 계산해 준다면 어떻게 될까. 그것은 인류에게 재앙일까 아니면 축복일까?

알파고는 우리에게서 일자리를 빼앗아 가는 것 같다. 그러나 조금만 생각해 보면 우리가 그동안 우리의 혼을 빼앗겼던 능력이나 지식은 기계에게 맡기고 정작 우리 영혼을 아름답게 하는

데 힘써 더욱 인간답게 살아가라는 메시지를 던져주고 있다.

이제부터 나는 기계가 할 수 있는 일에 더 이상 마음을 빼앗기지 않고, 내 영혼의 소리에 더욱 귀를 기울이려고 한다. 사람으로 태어난 기쁨을 하루하루 만끽하면서….

# 뉴스나 정보가 글인가?

1    요즘 많은 사람들이 스마트폰을 본다. 스마트폰에는 수많은 사람들의 글이 들어있다. 사람들은 남의 삶을 수없이 읽고 나서 그것을 사람들에게 이야기하려 든다. 그 사람들은 인터넷에서 본 뉴스나 정보를 마치 자기 것처럼 신나게 떠들어댄다. 그들은 자신들이야말로 세상에 대해 해박한 지식을 갖고 있다고 착각한다. 그들은 뉴스나 정보 제공자가 그려놓은 남의 삶을 이야기하는 것이지 내 삶을 이야기하는 것은 아니다.

2      뉴스나 정보를 많이 아는 사람들을 우리는 해박하다고 말한다. 그들은 해박한 사람들이 아니라 앵무새일 뿐인데도. 누가 말한 것을 그대로 전하는 사람들을 앵무새라고 하지 않던가. 앵무새는 자기 이야기를 하지 못한다. 내 삶은 없으니까 남들의 지식과 정보로 그려놓은 남의 삶만 말하는 사람이 어찌 글을 쓸 수 있겠는가.

3      남들이 그려놓은 뉴스, 정보로 삶을 살게 되면 다수의 사람들이 그럴 거라고 생각하는 대로 삶을 살게 된다. 뉴스에서 집값이 오를 거라고 하면 오를 거라고 생각하며 집을 사려 한다. 뉴스에서 책이 필요 없는 시대가 되었다고 하면 책을 읽지 않고 인터넷만 들여다본다.

4      그들은 내 생각대로 삶을 살지 않고 뉴스와 인터넷이 지시하는 대로 산다. 그러면서도 그런 사람들일수록 '나는 누구보다 아는 것이 많다'고 확신하며 많은 지식을 갖고 있기에 나는 '내 생각대로 산다'고 큰소리친다. 얼마나 우스꽝스러운 일인가.

5      뉴스의 삶을 사는 사람들은 자신의 삶이 없기에 뉴

스에서 나온 사람들의 삶을 쓸 수밖에 없다. 어떤 정치인이 가난한 사람들 편이라고 뉴스에서 말하면 훌륭한 분이라고 단정한다. 단지 인터넷과 뉴스를 만든 사람들의 의견에서 나온 정보일 뿐인데 그들은 그것을 전제로 글을 써나간다. 내 삶도 그리지 못하고 뉴스의 삶을 사는 사람들이 그 정치인의 삶을 제대로 그려낼 수 있다고 생각하는 것은 커다란 착각이 아닐까.

6    '내 삶'을 진실하게 쓰는 것도 어려운데 '남의 삶'을, 그것도 직접 목격하거나 직접 듣지도 않고 인터넷이나 뉴스에서 읽은 것만으로 '남의 삶'을 이러쿵저러쿵 써나갈 수 있다는 것이 얼마나 큰 오만인가. 그런데도 그들은 '내 삶'보다 '남의 삶'을 더 자신 있게 그려나간다. 내 삶도 못 그리면서 어떻게 남의 삶에는 그렇게 자신감을 갖는 것일까. 이보다 더 엉터리 글이 있을까.

# 나 한 사람의 힘

*우리는 오랜만에 마주 앉아도 그저 남의 이야기만 하다가 서로의 삶에*
*대해서는 한마디도 나누지 않고 씁쓸하게 헤어진 적이 얼마나 많았던가.*

"그 국회의원은 우리 지역에서 태어나기만 했지 초등학교도
서울에서 다녔어요. 경기중, 경기고를 나온 서울법대 출신이라
우리와는 무관한 사람입니다." 남도 여행길에 만난 그는 한참이
나 세월호 사건과 정치인들에 대해 열을 내며 말을 쏟아냈다.

그의 열변을 한참 듣다 나는 "그 국회의원에 대해서 무척 잘
아시는 것 같은데, 선생님 아버님이 어느 초등학교를 다녔는지는
아세요?" 하고 물었다. 그가 조용해졌다.

국회의원의 고향이나 학벌, 재산에는 관심을 쏟으면서도 정작

나를 낳아준 부모님이 초등학교는 어디를 다녔는지, 어떻게 나를 키웠는지에 대해서는 왜 궁금해하지도 않는 것일까. 나는 우리 사회에 말도 안 되는 대형 사고가 자주 일어나는 것도 국회의원의 학력은 줄줄이 꿰면서도 아버지가 다녔던 학교에는 관심조차 없는 우리들의 모순적인 태도 때문이라고 믿고 있다.

유명 인사의 취미나 기호는 너무나 잘 알면서도 아내가 뭘 좋아하는지는 모르는 사람들도 의외로 많다. 아이가 학교에 가기 싫어하면 학교나 교육정책에 대해 열띤 비난을 하면서도 실제로 아이에게 뭐가 필요한지 고민하는 부모들은 많지 않다.

더 재미있는 것은 사람들이 자신의 생각인 것처럼 쏟아내는 말들을 가만히 들어보면 대부분 신문이나 텔레비전에서 듣고 읽었던 내용이라는 사실이다. 언론을 통해 들은 이야기들을 앵무새처럼 읊조리면서 마치 자신이 원래부터 알고 있었거나 스스로 생각해 낸 것인 양 우쭐해한다.

광주민주항쟁 당시 나는 대학원생이었다. 전남도청 앞에서 군인은 시민을 향해 총을 겨누고 시민은 군인을 향해 버스를 돌진시키는 상황을 목격하고 계속 눈물만 나왔다.

명령에 따라 총을 겨누고 있는 젊은 군인들도, 그들을 향해 분노하는 시민들도 모두 선량한 사람들일 것이었다. 뭔가를 해야 할 것 같았다. 내 앞에는 여러 선택의 길이 놓여있었다. 시민의 편에 서서 버스를 돌진시킬 수도 있었고, 사람의 목숨을 티끌처럼 여기는 전두환을 향해 분노만 터뜨릴 수도 있었고, 내가 할 수 있는 일은 없다며 눈물만 짓고 있을 수도 있었다.

하지만 나에게는 내 길이 있었다. 사람의 목숨을 살리는 것보다 중요한 일은 없다는 평소의 생각을 실천에 옮기는 것이었다. 데모 한번 해보지 않았던 나에게 용기가 생겼다. 나는 스피커와 마이크를 장착한 버스에 올라타 "전두환 물러가라! 계엄을 철폐하라!" 목이 터지게 외치며 군인들과 반대 방향으로 차를 돌리게 했다. 그러자 군인들과 대치하고 있던 시민들도 방향을 바꿔 내가 탄 버스를 따르기 시작했다.

나는 계속 큰소리로 외쳤고 수많은 시민들은 도시를 평화롭게 행진했다. 다음 날 새벽까지 군인들이 없는 시내 중심부를 지나 시위를 이어 나갔다.

그날 밤에는 사상자가 없었다고 나는 지금도 믿고 있다. 그때 나는 한 개인이라도 선의만 있으면 막강한 권력자도 할 수 없는 일을 해낼 수 있다는 믿음을 갖게 되었다.

소돔과 고모라가 멸망한 건 불의한 세력의 힘이 막강해서가 아니라 의로운 몇 사람이 없어서였다. 그래서 나는 지금도 성수

대교건 삼풍백화점이건 세월호건 그 참사가 공무원이나 관계자의 불의 때문이기도 하지만 그보다는 의로운 사람 몇 사람이 없어서 생긴 것이라고 믿는다.

우리가 정치인들에게 지나치게 관심을 두는 것도 어쩌면 나 스스로 뭔가를 하기보다, 나 스스로 의로운 사람이 되기보다 정치인들이 나를 위해 무얼 해야 할 거라는 의타심이 훨씬 크기 때문이다. 사실 정치인이든 선장이든 그 누구든 자신의 생명과 이익을 우선하지 않겠는가. 그런 누군가에게 우리의 생명과 안전을 맡기려 드는 것은 숲에서 고기를 잡겠다는 것과 같다.

우리는 무슨 사고만 생기면 정치인들의 탓으로 돌리거나 사회를 비난하는 것으로 자신이 정의로운 사람인 줄 착각한다. 이제부터라도 내가 어떤 상황에 닥쳤을 때 수많은 인명을 구해낼 수도 있는 위대한 존재라는 자각을 갖고 있으면, 정치인에 대해 왈가왈부할 시간에 내 자신과 내 가족의 삶에 더 관심을 둘 것이다. 그러면 우리는 나 자신은 물론 이웃까지 지켜줄 수 있는 힘도 갖게 되지 않을까.

우리는 오랜만에 마주 앉아도 그저 남의 이야기만 하다가 서로의 삶에 대해서는 한마디도 나누지 않고 씁쓸하게 헤어진 적이 얼마나 많았던가. 한평생 나와 너에 대해서는 한 마디도 말하지 못하면서 어느 유명 인사가, 어느 정치인이 어떤 학교를 나왔고, 어떤 잘못을 했는지만 말하며 공허하게 살 것인가.

그러다 갑작스러운 불행을 만났을 때 그저 누구 탓만 하며 어떤 일도 하지 못하고 무능하게 생을 마칠 것인가.

글은 왜 써야 하는가

# 글, 내 삶의 정리

1    예술작품은 누가 만드는가? 예술가들이 만들어간다. 나의 삶은 누가 만드는가? 나의 삶은 내가 만들어간다. 나의 삶도 예술작품처럼 만들어가는 것이다.

2    나는 내 삶을 무엇으로 만들어가는가? 내 생각에 따라 삶은 만들어진다. 생각이 성숙하면 내 삶도 성장한다.

3    생각을 성숙시키기 위해 우리는 독서도 하고 경험도

하고 영화도 보며 공부도 하고 대화도 한다. 내 삶을 만들어 가는데 내 생각을 깊고 넓게 성숙시키는 것보다 더 좋은 방법은 없기 때문일 것이다.

4    귀한 물건을 아무리 많이 갖고 있어도 정리되지 않으면 잡동사니일 뿐이다. 내가 습득한 생각들을 내가 잘 정리하지 않으면 그 또한 잡동사니일 뿐이다. 그러나 좋은 생각을 잘 정리하면 내 삶이 잘 만들어진다.

5    생각을 정리하는 가장 좋은 방법은 무엇일까? 우리는 그것을 명상이라고 알고 있다. 침묵 속에서 고요히 생각을 정리할 수 있기 때문이다. 그러나 명상을 하다보면 생각이 추상적으로 흐르기 쉽고 한곳에 머무르다가도 일상으로 돌아오면 흩어진다. 더구나 명상으로 얻은 정리된 생각도 시간이 가면 잊히기 쉽다.

6    글을 써보라! 글을 쓰다 보면 잘못된 생각들이 발견되고 의외로 놓치고 있던 생각들이 떠오르기도 한다. 글을 쓰면 생각이 정리될 수밖에 없다. 더구나 글로 생각을 정리해 놓으면 잊혀지지도 않고 흩어지지도 않는다.

7    아무리 훌륭한 명상의 시간을 가졌다 하더라도 그것은 나 혼자만의 생각에 머물고 만다. 그런데 명상을 글로 써놓으면 사람들에게 얼마나 도움이 되겠는가. 명상을 하며 떠오른 생각들을 글로 써놓으면 나에게도 남에게도 큰 도움이 될 것이다.

8    일부러 명상을 하지 않더라도 글을 쓰다 보면 자연히 명상을 하게 된다. 글을 쓴다는 것은 자기의 생각을 정리하는 것이고, 생각을 정리하는 것이 곧 명상이기 때문이다. 굳이 명상을 한다고 할 필요도 없이 명상도 하고 글도 나오는 글쓰기보다 생각을 정리하는 더 좋은 방법은 없다.

9    지금까지 쌓아온 '내 생각'들을 정리하고 싶지 않은가. 정리하고 싶은 '내 생각'들을 당장 글로 써보자. 글을 쓰다 보면 신기하게 '내 생각'이 정리되고 '내 삶'이 정리되는 놀라운 세계로 접어들 것이다.

# 흰물결작가 탄생기

요즘 세상에 글을 쓰려는 사람이 있을까? 나는 책에 에세이스쿨 광고를 냈다. 첫 에세이스쿨이 열리던 날, 단 몇 줄의 광고를 보고 온 30명의 눈이 초롱초롱 빛나고 있었다. 나는 신바람이 났다.

강의를 듣고 글을 쓰느라 강의실은 열기로 가득하다. 70여 명의 예비 작가들이 참석한 오늘은 제72기 흰물결 에세이스쿨이다. "위 사람은 글로 세상을 아름답게 만들어왔으므로 앞으로 더 아름다운 글을 써나갈 흰물결작가로 임명합니다."

강의 시간에 나는 그동안 다섯 번 이상 글이 실리고 독자들의 반응도 좋았던 분들을 한 분 한 분 호명하여 임명장을 주었다. 내가 누군가에게 임명장을 주는 것은 쑥스러웠지만 임명장을 받는 그들도 나도 가슴이 뭉클했다.

26년 전 잡지를 떠맡고 나는 망망대해에 홀로 있는 것 같았다. 어디서 글을 구한다는 말인가? 책을 만들려면 무엇보다 좋은 글이 필요했다.

이곳을 봐도 저곳을 봐도 내 편은 옳고 네 편은 그르다는 싸움닭 글, 자기를 드러내지 못해 안달하는 글, 어디선가 읽어서 얻은 생각을 마치 자기 생각처럼 써내는 글, 정의로운 말은 다 쏟아놓지만 그 어떤 목적에 치우친 글, 그럴듯한 논리를 펴지만 삶이 따라가지 못하는 글이 온 세상을 뒤덮고 있었다.

스스로 엘리트라고 자부하는 사람들이 지식 자랑하듯 써내는, 삶이 빠진 글로는 책을 만들고 싶지 않았다. 그럴수록 사람들에게 진정 도움이 되는 책이 이 세상에 필요하다는 생각은 사라지지 않았다. 그러나 삶의 진수를 아름답게 써낼 사람을 어디서 찾는다는 말인가.

"구하라, 받을 것이다. 찾으라, 얻을 것이다."

그렇다! '에세이스쿨'을 시작해 보자. 글을 쓰다 보면 내 생각이 커가고 내 삶이 튼실하게 되지 않던가. 어렵게 살아온 지나간 삶도 재해석하게 되고, 다가올 날들을 더 아름답게 만들어 나갈 힘도 얻었다. 고통인 줄만 알았던 견디기 힘들었던 과거도 축복으로 되살아나고, 절망만 있을 것 같은 내일도 희망으로 변화하는 것을 나도 글을 쓰면서 여러 번 체험했었다.

무엇보다 글을 통해 수많은 사람들과 아름답게 만날 수 있었다. 글을 쓰다 보면 귀한 삶을 살게 되고 귀한 삶을 살게 되면 귀한 글이 나오겠구나!

책도 커가고 글 쓰는 사람도 커가는 일, 나에게 그보다 더 소중한 일은 없었다. 그러나 TV나 유튜브에 온통 정신을 빼앗겨 버린 요즘 세상에 차분히 자신을 돌아보며 글을 쓰려는 사람이 있을까? 나는 책에 에세이스쿨 광고를 냈다.

첫 에세이스쿨이 열리던 날, 단 몇 줄의 광고를 보고 온 30명의 눈이 초롱초롱 빛나고 있었다. 나는 신바람이 났다.

좋은 글을 쓰도록 하려면 나쁜 글은 왜 나쁜지 좋은 글은 왜 좋은지부터 알려주어야 했다. 그리고 감동적인 글은 주장이나 이론의 나열이 아니라 가치 있는 그 무엇을 그림처럼 보여주어야 한다는 것, 글을 그림으로 어떻게 그려나가야 하는지, 삶의 편린 속에 숨어 있는 가치를 찾아내는 법을 목청 높여 강의했다.

"글쓰기처럼 쉬운 것은 없다. 여러분이 글쓰기를 어려워하는 것은 학교에서 글을 잘못 배웠기 때문이다. 잘못 배운 독을 빼주면 여러분도 글을 잘 쓸 수 있다."

에세이스쿨에서 써낸 그들의 글에는 선하게 살아온 사람들의 진솔한 삶이 거기 있었다. 나는 감동의 눈물을 흘리곤 했다. 이 세상 그 어떤 작가도 우리 삶을 그보다 더 아름답게 그려내지 못할 것 같았다. 그래, 글쓰기 광고 한 줄 보고 찾아온 사람이 보통 사람인가!

수천 편의 아름다운 글이 세상에 쏟아져 나왔다. 덕분에 독자들은 동시대를 살아가는 선한 사람들의 글을 읽으며 '위안을 받았다' '희망을 얻었다'는 편지를 수없이 보내왔다. 얼마나 놀라운 일인가! 그동안 유력 일간지를 읽으면 '작가'라는 분들이 우리네 삶과는 동떨어진 이야기를 그럴듯하게 포장만 하는 것 같아 쓴웃음이 나오는 경우가 많았다. 알맹이 있는 삶을 살았더라면 그런 글은 결코 쓰지 못할 텐데….

문득 <월간독자 Reader>나 <가톨릭다이제스트>에 글이 실린 분들은 삶으로 살아낸 더 아름다운 글, 더 진실한 글, 더 유익한 글을 써왔는데 '작가'라는 말 한번 듣지 못하고 있다니 뭔가 심히 불공평하다는 생각이 들었다. 그렇다고 그들을 그냥 '작가'라고 부르면 그들도 그렇고 그런 작가들 중의 한 명으로 여겨질 것이 아닌가!

얼마 전 신문에서 작가로 등단시켜 책을 내준다며 돈을 요구하고, 타이틀을 얻기 위해 그 요구에 응하는 작가가 많다는 기사를 읽었다. 얼마나 부끄러운 '작가' 타이틀인가. 그런 작가들과는 격이 다른 호칭을 찾아야만 했다. 그들은 어두운 삶의 바다에서 흰물결을 일으켜 오지 않았는가. 그래! '흰물결작가'라고 하자. 그리고 더 좋은 글을 쓰도록 격려해 주자.

나는 흰물결작가 임명장을 주기로 했다. 문예잡지에서는 2회 이상만 글이 실려도 작가라는 소리를 듣지 않는가. 그렇다면 흰물결작가는 훨씬 더 높은 기준으로 선정하자! 그동안 5회 이상 책에 글이 실렸던 분들을 엄선하여 '흰물결작가'라는 확실한 호칭을 붙여 부르기로 했다.


"문을 두드려라, 열릴 것이다." 아름다운 일, 가치 있는 일은 가슴에 그 씨앗을 품기만 해도 열매가 맺힌다는 것을 나는 에세이 스쿨을 통해 분명하게 체험했다.

앞으로 수천 명의 흰물결작가가 이 세상에 하얀 물결을 일으켜 나갈 것이다. 아름다운 꿈은 반드시 이루어지기에. 그 흰물결이 이 세상 모든 사람들의 가슴에 스며든다면 세상은 또 얼마나 아름다워질까.

## 나를 더 가치 있게

1  삶은 내 생각에 따라 결정되는 것이다. 세상을 잘 살아가려면 내 생각을 갖는 것보다 더 좋은 방법은 없다. 그런데 '내 생각' 없이 세상을 잘 살아가려는 사람이 많으니….

2  나의 생각이 있을 때 나의 삶도 있게 된다. 세상 사람들이 좋다고 하는 생각으로 살면 나의 생각이 아니라 남의 생각으로, 내 삶을 사는 것이 아니라 사람들의 삶을 사는 것이다.

3    글이란 나의 생각을 쓰는 것이라서 글을 쓰다 보면 자연스레 '나의 생각'을 갖게 된다. 그것은 '남의 삶'이 아닌 '나의 삶'을 살고 있다는 확신으로 이어져 '내 삶'이 더 가치 있게 보이고 '내 삶'이 더 풍요로워진다.

4    내 삶이 더 가치 있는 삶이 되면 더 좋은 글을 쓰게 되고 더 좋은 글을 쓰다 보면 더욱더 좋은 삶이 다가온다. 나의 삶을 더욱 가치 있게 하려면 글쓰기보다 더 좋은 것은 없을 것이다.

5    정리되지 않은 생각, 정리되지 않은 삶이란 나의 것이 될 수 없다. 글쓰기는 내 생각, 내 삶을 정리하여 진정한 내 것으로 만들어준다. 글쓰기보다 내 생각을, 내 삶을 더 가치 있게 만들어주는 것이 있던가?

6    우리는 더 가치 있는 나를 만들려고 열심히 공부도 하고 힘들여 일도 하며 돈도 벌려고 해왔다. 그렇다면 공부나 일, 돈에 대한 열성을 글쓰기로 바꿔 보면 어떨까.

7    글쓰기보다 더 나의 가치를 확실하게 높여주는 것은

없지 않은가. 공부로는 지식을 늘리고 일로는 경력을 쌓으며 돈으로는 부가 커가지만 그렇다고 '내 생각'이 키워지지는 않는다. 그러나 글을 쓰다 보면 '내 생각'이 커가고 '내 삶'이 가치 있게 다가올 것이다. 지금 당장 글쓰기를 해보라! 그대의 가치가 높아지는 것을 확인하게 될 것이다.

# 꿈의 법칙

*이 세상 누구든 아름다운 뜻만 세우면*
*그 어떤 혁명보다 더 멋진 혁명을 해낼 수 있구나!*

　대학 시절 나는 혁명을 꿈꿨다. 그것은 권력을 잡는다거나 하는 그런 시시한 혁명은 아니었다. 권력을 잡은 사람들이 해나가는 모습은 너무나 초라했다. 힘을 키우려고 따르는 무리를 늘리는 데 온통 마음을 쏟다 생을 마감하는 사람들….

　대학에서 만난 석학이라 불리는 사람들도 초라하기는 마찬가지였다. 유명 대학 교수라는 간판을 내세워 어딜 가나 그럴듯한 사람으로 대접만 받으려 했다. 인권을 지킨다며 시민 운동에 나선 사람들도 결국 누군가를 단죄하여 또 다른 누군가의 인권을 짓밟는 모순된 일을 하면서도 부끄러워하기는커녕 세상의 심판자를 자처했다. 그렇다면 나는 어디로 가야 하는가? 내가 가야할 길이 보이지 않았다. 힘센 자의 편에 서지 않고도, 줄을 서지 않고도 이 세상에서 과연 내가 할 수 있는 일이 있을까? 정의를 부르짖는 자들도 결국은 '옳은 네 편'보다 '그른 내 편' 쪽에 서지 않던가! 하루하루가 즐거울 리 없었다.

어느 날 흑백 TV에서 젊은이들이 마당을 쓸고 또 쓰는 장면이 내 눈길을 사로잡았다. 걸레로 방을 닦고 독서하는 모습도 범상치 않았다. 저렇게 수련한 젊은이들이 지도자가 된다면! 마쓰시타 고노스케가 세운 '정경숙' 학생들이었다. '그래, 먼저 인간이 되어야 해! 나도 저런 대학을 만들어 봐야지!'


변호사가 되어 한 재벌 회사에 자주 드나들게 되었다. 어느 날 일흔을 바라보는 회장이 서른 갓 넘긴 초짜 변호사인 내게 수수께끼 같은 질문을 했다.

"회사를 경영하며 지켜보니 사람마다 돈 그릇이 다르더군. 아버지가 10억의 회사를 100억 그릇의 아들에게 물려주면 100억의 회사로 키워내지만, 10억 그릇의 아들에게는 100억 회사를 물려줘도 10억 회사로 쪼그라트리고 말아. 그러니 100억 가진 아버지가 10억 그릇 아들에게 10억을 주건 100억을 주건 결과는 마찬가지라서 10억만 물려줘도 되지. 자네가 그 아버지라면 나머지 90억은 어디에 쓰겠는가?"

나는 정경숙이 떠올라 망설임 없이 대답했다. "대학을 세우겠습니다." 그러자 그가 머리를 가로저었다. "대학 세우면 교수들이 트집 잡기 일쑤고 학생들에게 끌려가 머리나 깎일 것이네. 그런 어리석은 짓을 왜 하는가?"

그의 말을 듣고 보니 젊은이건 어른이건 옳고 그름보다는 이해타산에 따라 내 편, 네 편을 갈라 네 편이면 무조건 비난부터 하는 우리 현실이 다가왔다. 내가 평생 고생하며 돈을 벌어 대학을 세워도 그 끝자락에는 허탈함만 밀려올 것 같았다. 그렇다면 내 꿈은? 그 후 '정경숙'에 관한 떠들썩한 뉴스를 볼 때면 젊을 때의 꿈이 스쳐 갔지만 나는 변호업무로 바빴고 글쓰기와 책 출판에 집중했다. '정경숙' 졸업생이 일본 총리도 되고 중의원, 참의원 70여 명을 키워냈다는 소식을 접할 때는 부럽기도 했다.

세월이 흘러 나도 그 회장처럼 나이가 들었다. 내가 이 세상에 해놓은 일이 무엇인가 생각하면 내 삶이 허망하기도 했다. 마쓰시타는 여든 넘어 정경숙을 만들지 않았던가! 아직 시간이 있다고 나를 달래 보지만 1년이 쏜살같이 사라지곤 했다.

그런데 오늘 새벽 불현듯 '난 정경숙보다 더 좋은 학교를 만들었어!' 하는 생각이 떠올랐던 것이다. 마쓰시타가 만든 학교는 수십 년간 겨우 수백 명의 학생만이 거쳐 갔지만 '흰물결아카데미'와 '흰물결예술학교'는 무려 만 명도 훨씬 넘는 사람들이 거쳐 가지 않았던가!

그들은 정경숙처럼 정치가 세상을 바꾼다는 생각으로 모여든 것이 아니라, 사람답게 사는 길을 찾고 싶어 함께한 사람들이다. 좋은 '글'을 쓰려고, 아름다운 '대화'를 하려고, 진실한 '결혼'을 하려고, '건강'한 몸과 '창의'적인 삶을 살려고! 흰물결을 찾은 사람들은 진리를 좇아 자신부터 바꾸려는 사람들이 아니었던가. 영혼의 목마름을 채우기 위해 찾아온 그 고귀한 사람들과 내가 함께 했다니!


얼마 전 아사히신문은 '마쓰시타 정경숙의 위기'를 보도했다. '900명이던 지원자가 올해 100명으로 급감한 이유가 정경숙의 3년 장기 코스보다, 12만 엔의 수강료만 내면 출마 기회를 주는 속성 코스를 택하는 정치 지망생들이 많아졌기 때문이다.'

아무리 훌륭한 학교를 만들더라도 성공해 보려는 야심가들이 입학한다면? 그들은 아무리 훌륭한 교육을 받더라도 결국 자기를 드러내는 데만 온통 힘을 쏟을 거라는 생각이 들었다.

그동안 내가 아무것도 하지 않은 게 아니구나! 결혼아카데미를 통해 순수한 결혼에 이른 젊은이들이 얼마나 많은가. 에세이 스쿨을 통해 수많은 사람들이 자신의 삶을 돌아보고 앞으로의 멋진 꿈도 꾸지 않던가.

건강아카데미는 또 어떤가. 스스로 건강의 길을 찾게 하는 것보다 더 좋은 의사가 있겠는가. 내 삶을 더욱 가치 있게 가꾸려는 과정이 정치인이 되려는 코스보다 얼마나 더 귀한가.

생각하면 할수록 '정경숙'보다 더 의미 있는 일에 힘을 쏟아왔다는 안도감이 내 영혼을 평안하게 했다. 그동안 20년도 넘게 삶이 살아있는 글들을 실어 수십만의 독자가 수백만 권의 책을 읽지 않는가. 위대한 음악가들을 만나게 하려고 공연장을 만들어 수만 명의 관객이 천상의 소리를 듣지 않았는가.

이 세상 누구든 아름다운 뜻만 세우면 그 어떤 혁명보다 더 멋진 혁명을 해낼 수 있구나. 아! 이 세상에는 정경숙보다 더 가치있는 일을 하고 있는 이름 없는 사람들이 셀 수도 없이 많겠구나. 큰 부를 쌓지 않아도, 힘 있는 자리에 앉지 않아도 세상에 유익한 것을 하려고만 하면 어느새 자신도 모르게 많은 것을 이룰 수있다는 체험이야말로 진정 내 안에 찾아온 혁명이었다.

# 세상의 주인으로

1    글을 쓰는 사람은 세상의 아름다움도 세상의 추함도
그려낸다. 글쓴이는 세상 만물의 가치를 그려내는 화가다.
세상 사람들은 글쓴이가 그린 그림으로 세상을 본다. 그는
글로 세상을 그려 내지만 그가 그린 그림이 세상이 되는 것
이다.

2    사람들이 추한 세상이라고 말해도 글로 아름답게 표
현하면 아름다운 세상이 되지 않던가. 사람들이 아름다운 세

상이라고 말해도 글로 추하게 표현하면 추한 세상이 되지 않던가.

3    아무리 중요한 세상사도 기록하지 않으면 잊히기도 한다. 지금 사소하게 보이는 일도 기록해 두면 나중에 그 가치를 인정받기도 한다.

4    글을 쓰는 사람은 글의 소재를 선택하고 글의 소재가 된 사건이나 사실의 의미를 발견하고 그 가치를 규정하기도 한다.

5    무엇이 세상을, 사물을, 사람의 가치를 규정하던가? 말과 글이다. 그러나 말은 일시적이며 소수의 사람들에게 전달된다. 그러나 글은 오랫동안 남아 수백만 수천만의 사람들에게 전달될 수 있다.

6    하느님이 세상을 창조했다는 성경 말씀의 기록이 세상의 창조자가 누구인지 규정하고 있지 않는가. 누가 그것을 말로만 했다면 사람들은 세상의 창조자가 누구인지 지금 열심히 다투고 있지 않을까.

7    뉴욕 시장이 뉴욕을 규정하던가. 아니면 뉴욕에 대해 글을 쓴 사람이 뉴욕을 규정하던가? 뉴욕의 본래 모습보다 화가가 그린 뉴욕 그림이 뉴욕을 더 뉴욕답게 표현하기도 한다. 뉴욕에 대해 쓴 글을 읽다 보면 뉴욕의 모습이 그려지고 뉴욕에 가고 싶지 않던가.

8    글의 힘이 뉴욕 시장의 영향력보다 더 큰데도, 뉴욕 시장이 만나자고 하면 만나려는 사람들은 많아도 뉴욕에 대해 글을 쓰려는 사람은 많지 않다. 뉴욕에 살러 가면 뉴요커일 뿐이지만 뉴욕에 대해 글을 쓰면 뉴욕 시장보다 더 큰 영향력을 갖게 된다.

9    어떤 세상사를 묻히게 하느냐 드러나게 하느냐도 글쓴이가 결정하고 그 세상사에 대한 가치의 경중도 글쓴이가 평가하는 경우가 많지 않던가. 세상 사람들은 그 글을 보고 그 세상사를 알게 되고 글쓴이가 규정한 가치대로 받아들이는 경우가 많아 글을 쓰면 세상을 이끄는 주인이 된다.

# 더 이상 외톨이가 아니다

*내 말에 귀를 기울여주는 여자를 꼭 만날 거야!*
*나와 세상을 보는 눈이 같은 여자를!*

"퀴즈 한번 풀어보시겠어요?" 처음 만난 그녀에게 이렇게 말을 꺼냈다.

미팅에서 만났던 여자들은 퀴즈를 낸다고 하면 대부분 엉뚱한 사람이라는 듯 쳐다보거나 금세 어색한 분위기가 흐르곤 했다. 그런데 의외로 그녀가 편안하게 물었다. "무슨 퀴즈인데요?" 나는 그녀의 반응에 신이 났다.

그녀는 눈을 반짝이며 듣고 있었다. 듣는 시늉만 하는 여자는 분명 아니었다. 나는 그녀가 문제를 풀 수 없을 거라고 생각했다.

대학 동기 10여 명이 하숙방에 모였을 때 한 친구가 낸 이 퀴즈를 한 시간이 지나도록 아무도 못 풀었기 때문이다. 대부분 생각해 보지도 않거나 금방 모르겠다고 하는데 그녀는 문제에 푹 빠져 있는 게 아닌가. 그녀를 지켜보던 나는 그 풀이 과정도 재미있다고 잘난체하며 떠들어댔다. 그런데도 마음을 모아 듣는 그녀의 눈빛에서 맑은 기품이 느껴졌다. 아! 얼마나 기다려왔던가. 내 이야기에 이렇게 귀 기울여주는 사람을….

나는 꿈을 꾸면 그것이 현실이 된다고 믿었지만 사람들은 꿈과 현실은 전혀 달라서 현실이 뒷받침되지 않으면 꿈은 허무맹랑한 것이 되고 만다고 생각하는 것 같았다.

나에게 꿈은 현실보다 더 중요했는데 사람들은 현실을 꿈보다 소중하게 여겼다. 그래서 나는 늘 외톨이였다. 어디에 가도 내 편은 없었다. 한 사람만이라도 내 말에 귀를 기울여준다면…. '내 말에 귀를 기울여주는 여자를 꼭 만날 거야! 나와 세상을 보는 눈이 같은 여자를!' 그러나 그런 여자는 없어 보였다.


코트를 입고 들어서는 그녀를 본 순간 나는 그녀가 사람들이 좇는 것과는 다른 것을 향해 가는 사람이라는 느낌이 들었다. 그러나 그때까지 그런 사람을 만나본 적이 없었던 나로서는 '내 느낌이 과연 맞을까?' 의문이었다. 그런데 처음 인사를 주고받았을 때, 말씨가 공손하고 명확한 데다 꾸밈이 없었고 얼굴이 참 맑았다. 그래서 경계를 풀고 잠재워 두었던 내 꿈과 생각을 맘껏 이야기하다 퀴즈까지 내고 만 것이다.

나는 그녀와 결혼했다. 결혼식 날 나는 온 세상을 얻은 듯했다. 그러나 세상과 늘 부딪치며 살아왔던 내가 그녀와는 부딪치지 않고 살 수 있을까?

교회에 다니고 있던 그녀에게 성당에 나가자고 했다. 그녀는 이유도 묻지 않고 함께 성당에 다녔다. 부모들은 아이들을 외고에 보내는 데 열과 성을 다했지만 나와 아내는 집에서 가까운 학교가 제일 좋은 학교라고 생각했다. 세상 사람들이 알아주는 직업이 아니라 내 아이들이 사람들과 사랑을 나눌 수 있는 일을 하면 행복할 거라는 생각도 같았다.

변호사로 열심히 일하던 40대 초반 공허함이 찾아왔다. 사람들의 다툼을 해결하느라 소송에 매달려 인생을 허비하는 것 같았다. 법정에서 돌아와 사무실 창가에 서면 삶이 허허롭게 느껴졌다.

아내와 함께 새벽 미사에 나가기 시작했다. 새벽길에 걷는 세상은 새로웠다. 그즈음 한 신부님이 <가톨릭다이제스트>를 맡으라고 했다. 뉴스에서는 종이책, 종이 신문의 시대가 저물고 인터넷 세상이 온다고 떠들고 있었다. 그런 세상에서 이름도 없는 종교 잡지를 맡는다는 것은 실패가 뻔한 길이었다. 하지만 사람들이 좋은 글을 읽고 좀 더 높은 곳을 향해 가도록 한다면? 결혼 전의 나처럼 외롭게 살아가는 사람들에게 좋은 친구가 된다면?

나는 조심스럽게 아내에게 물었다. 그러자 아내가 말했다. "그 일 했으면 좋겠어!" 경제적으로는 큰 손해일 테고, 세 아이들 뒷바라지도 분명 힘들어질 텐데 그렇게 말할 수 있는 아내가 내 곁에 있다는 사실에 내 가슴은 더욱 부풀었다.


나는 더 이상 외톨이가 아니었다. 세상에 태어나서 처음으로 내가 정말 하고 싶은 일을 하게 된 것이다. 나는 글을 쓰고 독자 카드를 정리하고, 아내는 글 청탁과 편집, 디자인을 하고.

그렇게 <가톨릭다이제스트>가 새롭게 태어나면서 나 또한 이 세상에 새롭게 태어났다. 나처럼 외톨이로 살아온 사람들이 책을 보아주었고 글도 보내왔다. 그들의 글을 읽으며 나만 외톨이가 아니라는 생각이 들었다. 그들도 세상 것을 열심히 좇는 사람들 틈에 끼어 섬처럼 외롭게 살다가, 섬과 섬이 연결되는 느낌이었을 것이다.

# 내 삶의 주인으로

1    내가 내 삶을 그리지 않는다면 누가 내 삶을 그려주겠는가. 누가 내 삶을 그려준다 해도 결코 진실한 내 삶을 그려낼 수는 없다. 내가 그려야 내 삶의 진실을 온전히 담을 수 있다.

2    내 삶을 내가 글로 쓰면 살아있는 '내 삶'으로 남게 되지만 글로 쓰지 않으면 '내 삶'이 세상 어디에 흔적이라도 있겠는가.

3    현재의 삶을 글로 쓰면 현재의 삶이 더 의미 있게 다가오고 그래서 더 가치 있는 삶이 내 앞에 펼쳐진다. 글을 쓰다 보면 자연스레 지금 그대로의 삶보다 더 가치 있는 미래의 삶을 그리고 있는 자신을 발견하게 된다. 그러면 내 미래의 삶이 어떻게 되겠는가.

4    미래의 삶을 그리며 사는 사람과 미래의 삶을 그리지 않고 사는 사람은 분명 다르다. 글은 미래의 삶의 방향을 잡아주어 더 풍성한 열매를 맺게 할 것이다.

5    내 삶은 내가 그린대로 만들어져 가기에 내 삶을 글로 그리면 그 글대로 내 삶이 펼쳐진다. 내 삶을 그려나가는데 글보다 더 좋은 도구는 없다.

6    글은 왜 쓰는가? 글이 내 삶이고 내 삶이 글이기 때문이다. 글을 쓰지 않는다는 것은 내 삶을 기록해 두지 않는 것이요, 내 삶을 기록하지 않는다는 것은 '나'를 지워가는 것이다.

7    글을 쓰면 내 삶이 이 세상에 남아 있는 것이요, 내

삶이 이 세상에 있다는 것은 내가 존재한다는 것이다. 내가 사라져도 글이 있다면 나는 존재하는 것이기에 나는 살아있는 것이 아닐까.

# 문화의 빈부격차

*어릴 적 우리 집을 가득 채웠던 것은 가난에 대한 원망이 아니라
글과 노래와 음식문화였다. 책 읽는 아버지 모습에 나는 글을 쓰고 책을 만들고,
동생은 일본어를 유창하게 한 것은 아닐까. 어머니 노랫소리에 나는…*

오래전에 여동생이 강남에 아파트를 샀다고 했다. 그 큰돈을 어떻게 마련했는지 궁금했는데 재작년 여동생과 도쿄에 갔을 때 그 궁금증이 풀렸다.

동생이 일본말을 아주 유창하게 해서 어떻게 그렇게 잘하느냐고 물었다. "오빠, 어릴 때 아버지와 오빠가 한자 있는 책을 많이 읽었잖아. 자연스레 한자와 친해졌었나 봐. 그 덕분에 일본말 배우는 게 어렵지 않더라고." 하며 활짝 웃었다.

어릴 적 육지에서 섬으로 들어간 우리는 방 한 칸, 한약방 한

칸을 세 들어 살던 가난한 처지였다. 그렇지만 아침에 일어나면 아버지의 책 읽는 소리가 들려와 나도 책을 가까이하는 사람이 되었다. '그런 분위기가 영향을 주었겠구나!'

　내친김에 돈을 어떻게 벌었는지도 물었다. "에비스역 옆에 한식당을 열었거든. 일본 사람들이 아주 맛이 있다며 식당 앞에 줄까지 서는 거야. 88올림픽 후엔 한류 열풍까지 불어 굉장했어. 어릴 때 엄마 음식 솜씨가 엄청 좋았잖아. 그 덕을 본 거지. 그때 아파트도 산 거야."

　어머니가 부엌에서 늘 노래를 부르며 음식을 만들던 그 시절 우리 집 풍경이 스쳐 갔다. 한약방 손님이나 선생님들도 어머니 음식을 한번 드시고 나면 맛있었다며 자꾸 오셨다. 얼마 후 집을 짓고 이사한 우리 집은 늘 잔치였다.

　그때 나는 아름다운 사람들의 이야기가 나오는 글을 읽으면 가슴이 뛰었다. 나도 이광수의 '흙'에 나오는 허숭처럼, 심훈의 '상록수'에 나오는 동혁처럼 살고 싶었다. 요한나 슈피리의 '알프스 소녀 하이디', 오 헨리의 '마지막 잎새'를 읽을 때면 나는 바다로 막힌 섬을 벗어나 알프스 산록과 뉴욕 그리니치빌리지를 걷고 있었다.

　늘 만나는 똑같은 섬사람들, 끝없이 펼쳐진 염전… 단조롭기만 하던 그 섬 구석에서 글은 나에게 자유를 맛보게 해주었다. 나는 글 잘 쓰는 사람이 가장 부러웠다. '나도 글을 쓰고 싶다!' 책상에 앉아 끙끙대 보지만, 한 줄도 쓰지 못하곤 했다.

　대학 시절 신춘문예 당선작을 유심히 읽곤 했는데 천재들만 쓰는 것 같아 나는 늘 절망했었다. 한번은 허름한 술집에 갔다가 주요 일간신문 신춘문예에 당선된 학생 옆자리에 앉게 되었다.

　몇 마디 말이라도 붙이고 싶었지만 그의 눈에서는 광기가 흘러 나오는 것 같았다. 거들떠보지도 않는 그에게 말 걸기도 겁이 났다. 뭔가 알 듯 모를 듯한 글로 상을 탄 그와 그 글이 닮은 것 같았다. 나는 작가가 될 수 없겠구나!

　나는 작가 대신 변호사가 되었다. 법률문서를 쓸 때면 나 스스로 놀랄 때가 많았다. 누구 잘못인지 헷갈릴 수 있는 사안도 상대의 잘못을 콕 집어내 명쾌하게 써지는 것이었다. 어쩌면 그렇게 논리적으로 글이 쏟아져 나오는지… '판사도 우리 쪽에 승소를 선고하지 않고는 못 배기겠구나.' 하는 뿌듯함에 스스로가 대견했다. 상대 변호사가 천재라고 알려진 사람일수록 의외로 어수룩한 데가 많았다. 신기한 발견이었다.


　10여 년간 변호사를 하다 <가톨릭다이제스트>를 맡게 되었다. 한번은 일류대학 유명 교수가 글을 보내면서 토씨 하나 고치지 말고 그대로 실으라고 했다. 읽어보니 놀랍게도 쓸만한 내용이 전혀 없었다. 우리 지식인들의 속살을 보는 것 같았다. 너무 씁쓸했다. 지식과 명성, 부와 자리로 인정받다 보면 더 인정받고 싶어 그런 것만 더 높이 쌓느라 그 덫에 갇혀 삶다운 삶을 향해 가지 못하겠구나! 삶다운 삶이 없으면 남의 생각을 베낄 수밖에 없을 것이다. 그런 재미없고 따분한 글을 독자들에게 읽게 할 수는 없었다. 천재가 아닌, 유명인도 아닌, 아름답게 살아온 사람들의 글을 싣자!

'상록수'의 동혁처럼 나도 글방을 시작했다. 나처럼 글을 쓰고 싶어 하는 사람들을 모아보기로 했다. '돈돈돈' 하는 세상에서 글쓰기라니? 그런데 한 번도 글을 써본 적 없지만 글을 귀하게 여기는 사람들이 모여들었다. 그동안 일흔일곱 번의 에세이스쿨이 열렸고 5천여 명이 다녀갔다.


얼마 전 에세이스쿨에서 한 여성이 일어섰다. "저는 살림만 하던 주부였어요. 처음 강의를 듣고 그냥 하라는 대로 썼는데 그 글이 <월간독자 Reader>에 실리니까 제 안에 있는 걸 자꾸 꺼내서 쓰고 싶더라고요. 글이 실리고 또 실리니까 남편도, 아들도, 친구들도 저를 더 귀하게 대해 주더군요.

성당 행사 때도 저보고 글을 쓰라고 해 여기서 배운 대로 글을 썼어요. 그런데 어떤 분이 글을 다시 손보라며 조언해 주었는데 딱딱한 글이 돼버려 진짜 맘에 안 들었어요. 다행히 마지막에 수녀님이 보시고는 "원래 글로 합시다!" 그러는 거예요. 제 글과 삶이 인정받는 것 같아 기뻤어요. 에세이스쿨에 오는 게 정말 즐거워요."

김구 선생은 소망했다. "나는 우리나라가 부자 나라, 강한 나라가 되기를 원하는 것이 아니다. 오직 소원하는 것은 한없이 높은 문화의 나라가 되는 것이다."

그런데 요즘 문화의 빈부격차를 걱정하는 사람은 없다. 오늘날 김구를 떠받드는 사람들도, 언론조차도 경제적 빈부격차만 문제 삼는다. 돈이 없어도 정신이 살아있다면 가난을 극복하고 잘 살 수 있다고 하지 않던가. 그 정신을 바로 서게 돕는 것이 문화다. 문화의 힘은 보이지 않지만 반드시 열매를 맺는다.

그런데 갈수록 문화의 힘을 믿는 사람들은 사라져가고 경제적 빈부격차, 흙수저 금수저 타령만 하는 사람들이 어마어마하게 늘어간다. 얼마나 무서운 일인가.

어릴 적 우리 집에 흙수저의 설움만 넘쳐났다면 나와 동생은 지금 어떤 사람이 되어있겠는가. 어릴 적 우리 집을 가득 채웠던 것은 가난에 대한 원망이 아니라 글과 노래와 음식문화였다.

책 읽는 아버지의 모습에 나는 지금 글을 쓰고 책을 만들고, 동생은 일본어를 유창하게 하는 것은 아닐까. 어머니의 노랫소리에 나는 아트센터를 열고, 어머니의 음식 솜씨에 동생은 식당 앞에 일본 사람들까지 기다란 줄을 서게 한 것은 아닐까.

문화는 우리를 더욱 가치 있는 사람으로 만들어 주는 힘이 있다. 아름다운 글을 읽고 고운 음악을 듣다 보면, 세상 소리에 덮여 묻혀있던 고귀한 내가 깨어나지 않던가. 하물며 내 가슴속 깊이 간직한 아름다움을 글로 쓰고 음악으로 어루만지면, 내 안의 보석들이 얼마나 반짝이겠는가.

문화의 힘을 느끼며 살아가는 사람은 자신의 가치를 발견해 자신과 세상을 위해 사랑으로 무언가를 내놓는다. 그런 사람에게는 돈도 비껴가지 않는다. 문화는 나를 이롭게 할 뿐만 아니라 남을 이롭게 한다. 남을 이롭게 하면 자연스레 경제적 풍요도 따라올 수밖에 없다.

가난한 어린 시절 내가 흙수저, 빈부격차 타령이 아니라 책과 가까이하고 문화에 대한 갈망을 키우며 살았던 것이 얼마나 다행인지 모른다는 생각을 요즘 하게 된다.

글은 무엇인가

# 글은 그 사람

1    글은 '그 사람'이라는 말이 있다. 글이 왜 그 사람이라고 하는 것일까? 글은 글쓴이의 생각과 삶이 들어있기 때문이다.

2    글을 쓰라고 하면 우리는 남의 삶, 남의 생각을 쓰려고 한다. 그것은 남의 글이지 결코 나의 글이라 할 수 없다.

3    내가 나의 삶, 나의 생각도 진실하게 표현하지 못하면

서 남의 삶, 남의 생각을 얼마나 제대로 표현할 수 있겠는가. 남의 삶을 쓰다 보면 추측이나 과장 혹은 거짓이 섞일 수밖에 없다. 그래서 남의 삶을 쓰는 것은 글쓰기가 아니라 글짓기가 될 수밖에 없다.

4     글을 쓰려면 무엇보다 먼저 글쓰기의 글과 글짓기의 글이 어떻게 다른지 알아야 한다. 글쓰기와 글짓기는 어떻게 다른가?

5     우리가 링컨에 대해 쓴다면 그것은 글을 짓는 것이다. 남이 써놓은 글을 읽거나 남이 만들어 놓은 영화를 보고 링컨에 대해 글을 쓸 수밖에 없다. 링컨에 대해 처음 글을 쓴 사람도 결국 자신의 머릿속에 떠오른 대로 링컨을 그려낼 수밖에 없다. 나 자신을 표현하기도 쉽지 않은데, 링컨도 아닌 사람이 링컨을 얼마나 제대로 표현해낼 수 있을까? 그래서 남에 대해 쓴 글은 지어낸 글, 글짓기일 수밖에 없다.

6     글을 쓰라고 하면 남의 생각을 베끼는 사람이 많다. 남이 써놓은 글이나 남이 만든 영화를 보고 거기에서 얻은 생각을 마치 자기 생각인 양 쓰는 것은 베끼는 글, 글짓기의

글이다. 성경에 나오는 문장을 인용하거나 신문에서 읽은 뉴스나 칼럼에서 얻은 생각을 자신의 생각인 양 쓰는 것도 베끼는 글, 글짓기의 글이다.

7     자신이 살면서 직접 느낀 고통이나 기쁨을 글로 전하는 글쓰기는 쉬울 수밖에 없어 신나는 일이지만 남의 생각을 글로 옮기는 글짓기는 어려울 수밖에 없어 재미가 덜할 것이다.

8     남의 이야기와 나의 이야기 중 무엇을 더 신나게 쓸 수 있겠는가? 글을 쓰는 데 드는 노고보다 글로 전하고 싶은 감동이 훨씬 더 클 때 비로소 우리는 글이 쓰고 싶어진다. 진실하게 살아온 사람이라면 더더욱 나의 이야기를 쓰고 싶을 것이다.

9     글쓰기는 나를 쓰는 것이다. '글은 그 사람'이라는 말은 글이 곧 '나'라는 말이다. 그러면 '나'란 무엇인가? 내 직위가 나인가, 내 이름이 나인가. 내 이름도 내 직위도 내 돈도 내 학위도 '나'는 아니다. 그것들은 나를 설명하는 부속품일 뿐이다. 글을 쓸 때 내 이름과 내 직위, 내 돈과 내 학위에

대해 쓴다면 그것은 내가 아닌 다른 무언가를 쓰는 글짓기에
불과하다.

10      내가 과거에 어떤 삶을 살아왔는지, 지금 어떤 삶을
살고 있는지, 앞으로 어떤 삶을 살 것인지가 바로 '나'다. 나
의 핵심은 나의 삶이고, 글쓰기는 내 삶을 쓰는 것이다. 내
삶에는 수없이 많은 것들을 포함하고 있어서 내 삶의 편린을
써도 글이 될 수 있다. 그러나 더 좋은 글은 내 삶의 편린보
다는 내 삶의 핵심을 쓰는 것이다.

# 선善 자원론

우리 마음속에 무한히 잠자고 있는 자원이 있다.
그 자원은 가지려고만 하면 누구나 무진장 캐낼 수 있다.

선배 변호사와 함께 현장검증을 가게 되었다. "윤 변호사, 한 달에 얼마나 벌어?" 내 수입을 솔직하게 말했더니 "나보다 수입이 세 배나 많구먼!" 놀라는 것이었다. 부장판사를 지낸 그의 수입이 초짜 변호사인 나보다 훨씬 적다니…. 나도 놀랐다. 경력이든 인맥이든 내놓을 것 없는 나에게 그 선배가 비결을 물었다.

판검사도 한 적 없던 내가 사무실을 열자 사람들은 브로커라도 써야 사무실 유지라도 할 거라고 했다. 아니나 다를까 개업한 지 한 달이 다 되도록 내 사무실엔 손님이 한 사람도 없었다. 법조 고위직 출신이나 브로커를 쓰는 사무실에 가보면 손님이 북적북적했지만 무슨 배짱인지 그런 변호사는 되고 싶지 않았다.

그러던 어느 날 두 부인이 찾아와 남편들이 집행유예 기간 중에 더 큰 죄를 저지르고 구속되었다며 "석방시킬 수 있느냐"고 물었다. 그 사건을 맡으면 직원 월급도 주고, 월세도 낼 수 있었다. 나는 분명하게 말했다. "남편의 죄가 커서 힘들겠습니다."

모처럼 찾아온 고객을 놓칠 것이 뻔했다. 한참 침묵이 흘렀다. 한 부인이 조용히 말했다. "변호사님! 이 사건 맡아주세요." 의아해하는 나에게 그 부인은 말했다.

"법무부 장관, 고위 법관 출신 변호사도 만났어요. 수임료만 많이 주면 석방시킬 수 있을 듯이 말했습니다. 내가 바보입니까? 나는 세운상가 일등 장사꾼입니다. 얼굴만 봐도 거짓말하는지 정직하게 말하는지 대번에 알 수 있어요. 변호사님은 믿고 맡길 수 있겠어요. 비용은 얼마 드리면 되나요?"

2백만 원이라고 하자 부인은 백만 원권 수표 30장을 내밀었다. 어차피 선임료로 쓰려고 가지고 다닌 돈이라며. 1987년 당시 3천만 원이면 강남에 아파트를 살 수 있는 엄청난 돈이었다.

나는 내가 말한 수임료만 받았다. 부인은 날마다 "돈이 더 필요하지 않으세요?" 하며 전화로 물어왔다. 전 재산 7백만 원으로 전세 살고 있던 처지였지만 나는 끝내 그 돈을 받지 않았다.

다른 부인이 전직 법무부 장관을 5천만 원에 선임했다는 소식을 듣고 나는 괜히 신바람이 났다. 열심히 변호했더니 내가 맡은 그 남편이 더 빨리 석방되었다. 그 부인이 손님을, 그 손님이 또 손님을 소개해 주어 내 사무실엔 손님이 줄을 이었다. '전관예우'도 현실을 왜곡하고 싶은 사람들이 만들어낸 말이었다.

사람을 진실하게 대하기만 하면 돈도 잘 벌 수 있다는 사실을 그 후로도 체험하고 또 체험했다. 돈벌이도 어릴 적 책에서 읽은 대로 되는 것이 신기했다. 가슴속에 새긴 대로 살아가려는 순수한 마음! 나는 그것을 '선善 자원'이라고 이름 붙였다.

다행히 '선 자원'은 우리 마음속에 무한히 잠자고 있다. 가지려고만 하면 누구나 무진장 캐낼 수 있다. 초라한 경력과 재산이라도 '선 자원'과 함께 할 때 얼마나 큰 힘을 발휘하던가. 이보다 더 신나는 삶은 없을 것이다.

한참을 내 이야기를 듣고 있던 그 선배는 '선'을 '자원'이라고 믿는 사람이 있을까? 의아해했다. 하지만 그가 까마득한 후배의 이야기에 귀 기울여 준 것도 잠자고 있던 선배의 '선 자원'이 깨어나고 있었던 것 아닐까.

# 글은 나의 삶

1    내 글이 바로 나라면 '나'는 무엇인가? 나의 직업도 재
산도, 나의 학벌도 나의 지위도 이름도 '나'가 아니다. 나는
내가 살아온 삶, 내가 살고 있는 삶, 내가 살아갈 삶이 나일
것이다. 내 삶이 나인 것이다.

2    삶은 끊임없이 사람을 만나면서 만들어진다. 어릴 때
는 부모와의 만남에서, 학생 때는 스승이나 친구와의 만남에
서, 직장에서는 동료와 고객과의 만남에서, 결혼해서는 배

우자와 자녀와의 만남에서, 그리고 길을 가다가 우연히 알게 된 사람들과의 만남에서도 우리의 삶이 이루어져 간다. 결국 우리의 삶은 어떤 사람을 만나느냐로 채워진다.

3    어릴 때 부유한 부모를 만나면 부유하게 살아간다. 학생 때 훌륭한 선생을 만나면 품위 있는 사람이 된다. 상사가 사나우면 지옥 같은 직장생활을 해야 하고, 선량한 배우자를 만나면 행복한 삶을 살게 된다. 내가 어떤 사람을 만나느냐에 따라 목숨을 얻거나 잃기도 하고 부를 얻거나 잃기도 하며 건강을 찾거나 잃기도 한다. 어떤 사람을 만나느냐, 그보다 더 내 삶을 이루는 핵심적인 것은 없다.

4    글은 나를 쓰는 것이고 그것은 곧 나의 삶을 쓰는 것이다. 그러므로 사람과의 만남을 쓰는 것이다. 그런데 사람들은 글을 쓸 때 위인이나 유명 인사의 삶이나 말을 쓰곤 한다. 나의 삶이 아니라 남의 삶을 쓰는 글짓기가 되는 것이다.

5    삶이 사람과의 만남이라면 글은 나의 '사람과의 만남'을 쓰는 것이다. 결국 글은 사람과의 만남으로 이루어진 '나의 삶'을 쓰는 것이다. '사람과의 만남'은 삶의 현장에서 이루

어지기도 하지만 글과 음악, 미술과 영화를 통해서도 이루어
진다. 내가 만난 사람의 이야기를 글로 써보려고 상상만 해
도 신나지 않는가.

# 오케이, 법대에 가!

*선생님과 마주 앉았다. "저는 수학은 잘하지만 기억력이 나쁩니다.
이과가 제 적성인 것 같은데 법대에 가고 싶습니다." 조심스러운
내 질문이 채 끝나기도 전에 선생님은 "오케이, 법대에 가!"*

어릴 때부터 나는 정의로운 법조인이 되거나 글 잘 쓰는 문필
가가 되고 싶었다. 그런데 나는 수학은 잘했지만 사회나 국어 성
적은 늘 불안정했다. 논리적인 사고에는 자신이 있었지만 뭔가를
암기하거나 표현하는 데는 서툴렀다. 학교에서 적성검사를 해도
수학자나 물리학자 같은 이과 계통이 적성에 맞다는 것이었다.

드디어 문과와 이과를 정해 진급할 때가 되었다. 내가 하고 싶
은 일과 내가 잘하는 것 사이에서 무엇을 선택해야 하는가? 그
때 신문에서는 대학은 적성대로 가는 게 옳다고 매일같이 떠들

고 있었다. 저명한 교수님도, 성공한 기업인도 적성이 얼마나 중요한지 강조했다.

'명상 시간'을 만들어 아침마다 형이상학적인 철학을 들려주어 별명이 '개똥철학자'인 담임선생님과 마주 앉았다. "저는 수학은 잘하지만 기억력이 나쁩니다. 이과가 제 적성인 것 같은데 법대에 가고 싶습니다." 조심스러운 내 질문이 채 끝나기도 전에 선생님은 "오케이, 법대에 가! 법학에는 기억력도 필요하지만 논리적인 사고가 더 중요해. 수학을 잘한다는 건 논리적인 사고를 잘할 수 있다는 거야." 하셨다.

나는 문과를 택했고 수학을 더 열심히 했다. 나는 수학 덕분에 원하던 대학에도 합격할 수 있었다. 그런데 암기력이 부족한 내게 법과대학 시험은 수렁과 같았다. 책을 읽을 때는 너무나 이해가 잘 되는데 시험만 보면 아무것도 생각나지 않았다.

내 장점을 잘 알고 있는 한 친구는 이해가 안 되는 부분이 있을 때마다 나를 찾았고 나는 쉽게 설명해 주곤 했다. 그러나 내 시험성적은 바닥이었고 암기력이 뛰어난 그는 늘 상위권이었다. '역시 적성이 중요한데 괜히 길을 잘못 들었구나. 이과를 갔더라면 이 고생을 하지 않을 텐데' 하는 원망도 생겼다.

그 친구는 사법고시에도 쉽게 합격했는데 어느 날 이런 말을 했다. "넌 교과서를 다 이해하려고 덤비는데 실제 시험은 그렇게 어려운 것을 요구하지 않아. 좀 가볍게 공부해 봐." 친구의 그 몇 마디에 머리를 스치는 게 있었다. 나는 뭐든지 완벽히 이해하고 그걸 암기력도 없는 내 머릿속에 모두 집어넣어야 한다는 강박관념에 사로잡혀 있었던 것이다.

나도 그다음 해 고시에 합격했다. 그런데 실제 변호사 일은 암기가 필요 없었다. 변론을 준비할 때는 법전과 세상의 온갖 법학 서적, 판례를 찾아 읽고 이해하면 그만이었다. 논리적 사고력이 앞선 나는 상대의 논리적 허점을 파악하고 대응하는 게 무척 재미있었다. 재판에 필요한 문서를 작성할 때면 '내가 왜 이렇게 변호를 잘하지?' 하고 스스로 대견해하기도 했다. 나 자신도 놀랄 만큼 매번 승소했고 경제적 안정도 얻게 되었다.


십 년 넘게 열심히 법률 일만 하다가 어느 날 나의 여러 경험을 글로 쓰고 싶었다. 하지만 어린 시절 작문 시간만 되면 뭔가 감동적인 것을 잘 써내고 싶어 안달했지만 내 글은 늘 졸작이었던 기억 때문에 용기가 생기지 않았다.

그런데 어느 날 잡지사에 다니는 후배가 내게 글을 청탁했다. 나는 한 달 동안이나 끙끙대며 그 글 한 편을 써 보냈다. 드디어 내 글이 실린 잡지가 배달되어 오던 날 나는 내 글을 읽고 또 읽었다. 자신감이 생긴 나는 신문사에도 글을 보냈는데 신기하게도 칼럼으로, 논단으로 실렸다. '글이 그렇게 어려운 것만은 아니구나! 진심은 어떻게든 전달되는구나!'

　요즘 나는 글쓰기로 날밤을 새운다. 내 글을 읽고 세상을 달리 보게 되었다, 마음의 위안을 얻었다는 독자들의 편지도 무수히 받는다. 내 삶을 들여다보면, '내가 무엇을 잘하느냐보다 내가 무엇을 하고 싶으냐'가 중요한 것 같다.

　베드로는 천직으로 알았던 고기잡이를 버리고 그가 하고 싶었던 선교를 하러 말도 통하지 않는 로마로 간다. 그것은 누구라도 웃을 일이었다. 그러나 베드로는 그리스도 정신을 로마에 덮고 세계로 흘러들게 한다. 그것도 2천 년이 지난 지금까지…

　우리의 능력은 내 머릿속 적성에서 나오는 것이 아니라 내 가슴속 열망에서 나오는 것임을 나는 내 삶을 통하여 확신하고 있다. 나는 지금 내 재능을 자랑하고 있는가? 내 가슴속 열망을 지피고 있는가?

# 글은 나와의 만남

1     내가 어떤 아버지 어머니를 만나느냐, 어떤 형제를 만나느냐에 따라 내 어릴 적 삶은 결정된다. 어떤 선생님과 어떤 친구를 만나느냐에 따라, 어떤 직장동료와 직장 상사를 만나느냐에 따라 내 삶은 결정되었다. 내 미래의 삶도 어떤 사람을 만나느냐가 결정한다.

2     삶에서 가장 중요한 만남은 배우자와의 만남이다. 어떤 배우자를 만나느냐에 따라 삶이 크게 달라진다. 그러나

그보다 더 중요한, 가장 중요한 만남은 바로 '나'와의 만남이다. 나와 한 번도 만나지 못하고 삶을 마감하는 사람도 많다. 그런 사람에게서는 좋은 글이 나올 수가 없다.

3 　내가 어떤 사람인지, 내가 무엇을 추구하며 살고 있는지, 나는 무엇을 가치 있게 보는지, 나는 무엇을 좋아하는지, 내 궁극적인 목적지는 어디인지 나를 알고 나를 느끼는 순간 우리는 나와 만나게 된다. 나를 이끌었던 생각이나 행동, 사건이나 사실들 같은, 나와의 만남을 글로 쓴다면 그보다 더 좋은 글은 없을 것이다.

4 　내가 나와 만나도록 이끌었던 사람이나 책, 음악이나 영화도 훌륭한 글쓰기 소재이다. 나와 만난다는 것은 내 이야기, 내 생각, 내 삶이 있다는 것이다.

5 　나를 알지 못하면 남을 알지 못한다. 사람과의 만남도 결국 내가 나와 만나야 제대로 만나는 것이다. 그래서 글은 나와의 만남을 써야 하는 것이다.

6 　나와 만난다는 것은 내 생각과 만나는 것이다. 내 생

각 없이 사는 사람들이 많다. 내 생각이 없으면 세상 사람들이 말하는 대로 따라간다. 그런 사람들은 세상 사람들의 말을 듣고 그것이 내 생각인 줄 알고 살아가게 된다.

7    신문에서 뉴스를 보고 그것이 제 생각인 양 말하는 사람들이 너무나 많다. 누가 정치적 의견을 말해 "그 내용 신문에서 방송에서 다 본 거야."라고 하면 그들은 부인하거나 화를 낸다. 많은 사람들이 인터넷에서 떠돌아다니는 방송이나 뉴스의 기사나 인물들에 대해 이야기하며 그것이 자기 생각인 양 떠든다.

8    자기 생각이 없기 때문에 방송에서 남들이 생각한 바를 알려주면 그걸 기억했다가 사람들에게 앵무새처럼 이야기한다. 내 이야기, 내 생각이 있다면 그걸 이야기하고 싶어 그걸 쓰고 싶어 못 견디지 않을까. 나와 만난다는 것은 내 이야기, 내 생각을 가졌다는 것이다.

# 하루도 천 년 같이

법정에 가 변론을 하고 소송기록에 묻혀 서류를 작성하고… 사건 해결에
골몰하다 밤이 되면 책상 가득 쌓인 원고를 봤다. 그런데 소송서류를 뒤적일 때면
분노로 일렁였던 가슴도 사랑이 담긴 글을 읽노라면 고요히 가라앉는 것이었다.

지금 돌아봐도 나의 40대는 정말 숨 가쁜 순간들이었다. 오전
엔 법정에 가 변론을 하고 사무실로 돌아와 소송기록 더미에 묻
혀 서류를 작성하다 고객들이 찾아오면 상담을 하고… 점심도 저
녁도 먹는 둥 마는 둥 사건 해결에 골몰하다가 밤이 되면 책상에
가득 쌓인 <가톨릭다이제스트> 원고를 봤다.

문장을 가다듬거나 앞뒤 순서만 바꿔도 독자들이 보내온 글이
더욱더 보석처럼 빛나는 것 같아 자정을 넘기고 새벽이 되기 일
쑤였다.

그런데 소송서류를 뒤적일 때면 분노로 일렁였던 답답한 가슴도 사랑이 담긴 글들을 읽노라면 고요히 가라앉는 것이었다. 그래서 몸이 지쳐가는 새벽에도 히죽히죽 웃으며 글에 빠져들었다.

　　그렇게 낮밤 없이 정열을 불태우던 어느 날, 깊이 공부도 않고 세계적인 흐름도 모르는 사람이 만드는 월간지가 뭐 볼 게 있겠느냐는 사람도 있겠다는 생각이 들었다. 변호 일로 바빠 포기했던 유학과 박사과정을 다시 시도해 보고 싶었다.

　　그런데 문제는 변호사도 잡지도 그만둘 수 없는 노릇이었다. 겨우 틀을 잡기 시작한 잡지를 중단하면 공부하려는 목적이 사라질 것이고, 잡지를 해나가자면 잡지 때문에 생기는 경제적 손해를 메우기 위해 변호업무도 열심히 해야만 했다.

　　하나만 하기도 벅찬 일이지만 그때 나는 잡지 때문에 변호사 일이 더 보람 있고, 또 변호사 일 덕분에 잡지를 더 튼실하게 만들고 있다는 생각이 들었다. 그렇다면 박사과정도 유학도 변호 일과 잡지 일에 서로 도움이 될 수 있겠다는 확신이 생겼다.

　　박사과정 시험도 보고 미국대학에 지원도 했다. 서울대학교 법학박사 과정과 워싱턴대학교 로스쿨에서 합격 통지가 왔다. 유학을 가면 잡지를 중단해야 할 것이고 박사과정에 다니다 보면 나이가 들어 다시 유학은 힘들 것이어서 고민이 시작되었다.

그렇게 망설이던 어느 날 "하루도 천 년 같고, 천 년도 하루 같다."는 성경 구절이 떠올랐다. 내가 지금 여러 가지에 힘을 쏟고 있지만, 성경대로 하루가 천 년이라면 모두 해내고도 시간이 남지 않을까 하는 엉뚱한 생각이 들었다.

나는 박사과정에 다니면서 동시에 유학도 해버리기로 했다. 미국에 있을 때는 수업을 열심히 들으며 잡지 편집에 힘을 쏟고, 한국에 있을 때는 박사과정 수업을 들으며 변호 일을 하기로 했다. 2주일에 한 번씩 한국과 미국을 오가며…

재판은 두 주씩 건너뛰어 잡고 미국과 한국의 수업 시간도 잘 조정하니 몇 번 결석은 하지만 시험 일정에도 지장이 없었다. 미국에서 금요일 수업을 마치고 비행기를 타고 오면 한국은 토요일이라 공항에서 바로 성당으로 가서 토요 특전미사부터 일요일 저녁미사까지 특강 겸 홍보를 할 수 있었다.

그리고 2주간은 오전에 변호를 마치고 소송서류를 작성하다 학교에 다녔다. 서울대학에 들어서면 관악산의 맑은 공기가 나를 맞아주었다. 풋풋한 학생들의 발걸음도 나를 설레게 했고 십몇 년 만에 듣는 강의도 신선하게 다가왔다.

그렇게 한국에서 변호업무를 하면서 수업을 월요일까지 듣고 미국에 가면 시차 때문에 하루를 벌어 미국 월요일 오후 수업부터 들을 수 있었다.

미국에서는 방 하나짜리 아파트를 얻어 살았는데 또 다른 즐거움이 있었다. 시차 적응도 무시한 채 학교에 갔다가 수업이 끝나면 부리나케 집에 와 청소기를 돌리고 설거지를 하고 아내가 1인분씩 꽁꽁 얼려 짐에 넣어준 밥을 녹여 먹고 또 학교로 갔다.

도서관에서 공부를 하다가 허리가 아프면 캠퍼스를 거닐었다. 아름답기로 유명한 워싱턴대학 캠퍼스에 밤이 되어 불이 켜지면 환상의 세계가 펼쳐졌다. 외로울 때면 백조들이 평화를 그려내는 호수의 벤치에 앉아 아내와 아이들을 그려보기도 했다.


그때 나는 가톨릭 평신도 사도직 정의평화분과위원장을 맡고 있어서 매월 열리는 회의에 참석하고, 정의평화 대토론회라는 큰 행사를 치르고 토론집도 만들어야 했다.

더구나 그해 방콕에서 10일간 계속되는 아시아 주교회의에 평신도 대표로 참석해야 했다. 나는 내가 감당할 만큼만 일이 주어진다는 것을 이미 여러 번 체험했기에 걱정하지 않았다. 방콕에서 나는 아시아 각국에서 참석한 성자처럼 아름다운 사람들을 수없이 만날 수 있었다.

그렇게 나는 1년 동안 몇 사람이 할 일을 해냈다. 그런데 비용을 아끼느라 동경이나 알래스카를 거쳐 가는 비행기를 장시간 타고 다니다 보니 극심한 허리통증이 생겼다.

하지만 그 1년 동안 놀라운 일이 벌어졌다. 내가 특강을 가는 곳마다 교우들이 그전보다 훨씬 더 많이 <가톨릭다이제스트>를 신청해 주었다. 처음 몇백 명에 불과하던 독자 수가 수만 명으로 늘어났다. 그리고 박사과정 수료 후 1년 만에 법학 박사학위도 취득했다. 그것은 내가 그만큼 절박하게 하루하루를 보냈기 때문이 아니었을까.

사람들은 어떻게 그 많은 일을 하느냐고 묻는다. 그러면 나는 대답한다. "여러 가지 일을 하는 것이 아니라 사람들이 좋은 글을 더 많이 읽을 수 있도록 하려는 한 가지 일만 하고 있습니다."

그 후에도 나는 음악회며 전시회며 아카데미며 많은 일을 해 왔다. 그 또한 사람들이 사랑의 향기를 맛보며 살기를 바라는 한 가지 일이었다. 그렇게 20여 년이 훌쩍 지났다.


그런데 작년, 병원에서 암 진단을 받았다. 서울에 있으면 계속 일을 붙잡고 있을 것 같아 독일로 여행을 가기로 했다. 아내와 공연도 보고 미술관도 다니면서 느긋하게 쉬어야지….

쾰른에서는 마리오네트 극을, 독일의 옛 수도 본에서는 베토벤페스티벌을, 옛 동독 드레스덴에서는 오페라도 보았다. 주빈

메타가 지휘하는 베를린 필하모니 오케스트라의 연주도 듣고 함부르크에서는 연극과 뮤지컬, 발레도 보았다.

어디를 가건 관객은 왜 그리도 많은지…. 그런데 독일 사람들도 공연이 끝나면 행복해하기보다는 외로운 모습으로 돌아가는 것이었다. 모양새만 굉장한 음악회, 이태리 말이라 독일 사람들도 못 알아듣고 멍하니 앉아 있는 오페라, 스토리는 약하면서 무대만 화려한 뮤지컬….

문화예술의 본고장이라는 유럽까지도 상업적 흐름에 휩쓸려가고 있었다. 사랑이 빠진 예술은 휴식을 가져다주지 않았다.

일을 잊기 위해 독일에 왔지만 나는 해야 할 일이 더 많다는 생각이 독일에서 끊임없이 떠올랐다. '사람들에게 진정한 휴식을 줄 수 있는 공연을 만들고 글을 써야지!' 그런 희망을 안고 호텔로 돌아와 글을 쓰고 작품을 구상하면 한없는 평화가 찾아왔다. 휴식은 일하지 않고 보내는 시간이 아니라 사랑 안에 머무를 때만 찾아오는 나와의 진실한 만남이었다.

40대에 수많은 일을 하면서도 지치지 않았던 것은 좋은 글을 사람들이 많이 읽었으면 하는 그 한 가지에 내가 머물렀기 때문이 아니었을까?

글은 무엇을 쓰는 것인가

# 사람과의 만남을 글로

1     글을 쓰라고 하면 무엇을 써야 할지 모르겠다는 사람
이 너무나 많다. 그 이유는 무엇일까? 그것은 글이 무엇인지
모르기 때문이다. 밥이 뭔 줄 알아야 밥을 지을 수 있듯이 글
이 뭔 줄 알아야 글을 쓸 수 있다.

2     글은 삶이요, 삶이 글이다. 그러면 삶이란 뭘까? 삶이
란 사람과의 만남이다. 사람과의 만남을 글로 쓰면 글이 되
는 것이다.

3       직접 사람과 만나는 것만 사람과의 만남이 아니다. 진정한 만남이란 생각의 만남이다. 얼굴을 맞대고 있다고 하더라도 만나지 못하는 경우가 얼마나 많던가. 마음의 교류 없이 그냥 스쳐 지나간 사람과는 만났다고 할 수 없다.

4       글이나 음악, 영화나 미술을 통해 우리는 끊임없이 사람과 만난다. 심지어는 음식이나 가구, 건물이나 집을 통해서도 우리는 그것을 만든 사람, 그것을 사용한 사람, 그것을 파는 사람과 만난다.

5       사람을 만난다는 것은 사람의 생각과 생각이 만나는 것이다. 같은 생각을 가진 사람들이 만날 수도 있고 다른 생각을 가진 사람들이 만날 수도 있다. 두 사람이 뜻이 같아 화합하건 뜻이 달라 갈등하건 생각과 생각이 만났다면 서로 사람을 만난 것이다.

6       사람과의 만남을 쓰는 것은 사람과의 만남을 통해 얻어진 생각을 쓰는 것이다. 그래서 글은 사람과의 만남이며 생각과의 만남이다. 아름다운 글은 아름다운 사람을 만나 얻어진 아름다운 생각을 쓰는 것이다.

# 수녀원에서의 하루

약을 먹는 대신 몸에 대해 공부를 했다. 공부한 대로
내 가족도 사무실 식구들도 함께 실천해 보았더니 모두가…

어느 날 친구가 "연방제라도 되면 김정은 밑에서 어떻게 살아? 멀리 이민이라도 가야 하나…" 심각한 얼굴로 말했다. 말이 뒤섞여 바벨탑이 무너졌듯, 북한에 대해 한쪽은 평화를 말하고 다른 쪽은 전쟁을 걱정하니 우리나라가 바벨탑 같다는 생각이 들었다. 갈라진 나라, 갈라진 사람들….

사무실에 들어오니 몇 년 전 이태리에 갔을 때 만났던 수녀님이 와계셨다. 아씨시만 잠깐 둘러볼 생각이었는데 수녀님이 어찌나 자상하게 안내해 주던지 감동이었다. 귀한 것을 하나라도 더 보여주고 싶은 그 마음이 느껴져….

이태리에서 수도회 부총장이 되어 국제회의며 재정까지 맡아 바쁘게 지내다 휴가로 한국에 온 것이다. 건강이 걱정되어 물었더니 혈압약을 드신다고 했다.

언젠가 건강아카데미에서 약사 두 분이 내 강의를 듣던 중 박수를 쳤다. 혈압약을 먹는 환자들은 좋아지지는 않고 계속 약만 늘리다가 결국 신장이 망가져 투석을 하더라는 것이었다. 그런데 건강의 원칙만 지키면 약을 끊어도 된다는 강의에 속이 후련해진다는 것이다. 그러자 나이 지긋한 남자분이 고혈압과 고지혈증으로 오랫동안 약을 먹다가 지난번 강의를 듣고 약을 끊었는데 아무 이상이 없고 건강이 좋아져 또 왔노라고 말했다.

나는 수녀님도 약을 끊었으면 싶었다. 그러나 치유의 메커니즘을 아무리 알려줘도 확신을 갖게 하지 않으면 소용없을 게 뻔했다. 원칙을 지키면 우리 몸에서 어떤 일이 벌어지는지 그 놀라운 신비를 가슴 깊이 느껴야만 실천할 것이었다.

"그래, 맞아요." "약을 끊었는데 오히려 건강해졌어요." "아! 우리 몸은 신기하군요." "하느님의 사랑이 느껴져요."

이렇게 강의 중 맞장구치는 사람들이 있다. 참가자들은 그런

소리를 들으면서 치유할 수 있겠다는 확신을 갖는 것 같았다. 집에 돌아가면 스스로 몸이 치유되는 과정을 체험하는 놀라운 기적을 맛볼 것이 분명해 나는 강의 때마다 신이 났다. 그런데 수녀님은 혼자뿐이니….

얼마 전 두 신부님이 돌아가셨다. 두 분 모두 당뇨 합병증으로 발을 잘랐다고 들었다. 한 분은 주사파의 실상을 알렸다가 평생 비난을 받으면서도 꿋꿋이 자신의 뜻을 꺾지 않았고, 한 분은 외롭고 힘든 장애인들에게 용기와 위로를 주는 데 열정을 바쳤었다. 그런 귀한 신부님들이 발까지 잃었단 소식에 몹시도 안타까웠던 터라 수녀님을 위해 뭔가를 꼭 해야만 할 것 같았다.

같은 사건도 내 편 네 편에 따라 정반대로 엉뚱하게 받아들이는 세상, 길만 찾으면 쉽게 벗어날 수 있는데도 부작용 많은 약에만 의지하는 사람들…. 희망은 없는 것인가? 내가 암 진단을 받았을 때 의사들은 수술하지 않으면 곧 죽는다며 나보다 더 겁을 냈다. 그러나 나는 다른 길을 걸어보고 싶었다.

어릴 적 바닷가 바위를 맨발로 걷다가 발바닥을 찢긴 적이 많았다. 그럴 때마다 약을 바르지 않아도 며칠이면 깨끗이 나아 늘 신기했다. 내 병도 그렇게 치유될지 모른다는 생각이 들었다.

나는 약을 먹는 대신 몸에 대해 공부를 했다. 공부한 대로 나

뿐만 아니라 가족도 사무실 식구들도 함께 실천해 보았다. 모두가 더 예뻐지고 건강해져 갔다. 나는 그 체험을 사람들에게 알리고 싶었다. 그래, 이번에 수녀원으로 가자. 아픈 수녀님들도 많을 것이다. 나는 수녀님에게 내일 당장 수녀원에서 건강아카데미를 하자고 했다. 두 번 만난 변호사가 뜽딴지같이 건강 강의를 해주겠다니! 나는 무리한 제안인 줄 알면서도 밀어붙였다. 수녀님이 약을 끊으면 나에게 쏟았던 열정으로 앞으로도 사람들에게 귀한 하루를 선물할 것이 아닌가.

그런데 수녀님이 머물고 있는 수녀원 원장 수녀님과 상의했던지 다음 날 바로 건강아카데미를 하자고 하셨다. 아니! 무엇을 믿고 나에게 수녀원의 하루를 주신다는 것인가.

그 전날 나는 대구에 갔었다. 몇 달 전 우동기 전 대구 교육감이 대구 2·28 대학에서 강의를 해 달라고 했다. 그런데 며칠 후 또다시 전화를 해 대구 평화방송에 출연할 수 있도록 해놓았다고 했다.

10시에 두 시간 강의를 하고 점심 식사 후 2시경에 방송에 출연하면 된다면서. 바쁜 사람이 기왕 대구에 내려온 김에 하루를 더 가치 있게 쓰라는 것이었다. 그런데 또 얼마 후 성당에서 저녁 미사 후 특강도 하면 좋겠다고 했다. 내가 시간을 허투루 쓰지 않도록 배려하는 그가 너무도 감사했다.

그런데 2·28 대학 강의를 두 시간 하고 방송을 신나게 하고 나니 목이 잠겼다. 성당에서 저녁 특강을 하는데 혀가 잘 돌아가지 않았다. 그런데도 신자들이 너무 호응을 잘해주어 기쁘게 서울로 돌아왔지만, 혀는 풀리지 않았다.

대구에서 빡빡하게 하루를 보냈는데 과연 우리 몸의 신비를 수녀님들의 가슴속에 내 맘껏 새겨줄 수 있을까 걱정이 되었다.

다음 날 아침 수녀님들의 맑은 웃음소리에 조금씩 혀가 풀렸다. 그러나 오후가 되자 발음이 꼬여 마음이 새까맣게 타는 것 같았다. 내가 건강 지식이나 전달하고 말면 수녀원의 하루를 망치는 것이었다.

그런데도 수녀님들은 내가 무슨 말을 해도 신기해하면서 즐겁게 반응을 해주었다. 병의 원인이 무엇인지, 우리 몸 안에서 병이 어떻게 스스로 제거되는지, 또 우리가 어떻게 해야 건강해지는지 과학적 자료로 알려줄 때마다 탄성을 질러 즐겁게 강의를 해나갈 수 있었다. 드디어 강의가 끝나 한숨을 돌리는데 원장 수녀님이 나를 위해 성가를 불러주자고 제의했다.

수녀님들이 노래를 부르기 시작했다. 나는 탄성을 지를 뻔했다. 어디서 그렇게 맑고 아름다운 화음이 나오는지…. 지쳐있던 내 몸에 빛이 들어온 듯 말할 수 없는 감동이 나를 휘어 감았다.

내 편 네 편으로 갈라진 사람들이 아무리 많이 모여 큰 소리로 외쳐도 내 가슴에는 떨림이 없었다. 그러나 사람들을 위한 우 교육감의 사려 깊음, 휴가 나온 한 수녀님을 위한 수녀원의 배려, 나 한 사람을 위해 불러주는 수녀들의 노래는 그 어떤 외침보다 큰 떨림을 주었다. 나 또한 강의를 통해 지식이나 주장이 아닌 떨림을 주고 싶었다. 그것만이 진정 사람을 움직이는 힘이기에.

다음에 친구를 만나면 이렇게 말하리라. 내 편밖에 못 알아듣는 말만 하는 사람들이 쌓아가는 바벨탑은 결국 무너지고 만다고. 그러나 세상에는 한마디 말하지 않아도 진심을 주고받는 사람들이 많고 많으니 우리에게는 희망이 있다고!

건강아카데미 후 수녀님이 문자 메시지를 보내왔다.

'변호사님의 열정과 사랑으로 참으로 행복한 시간을 보냈습니다. 은총 넘치는 하루를 보내면서 우리 수녀님들 모두 무어라 말로 표현할 수 없는 감동과 감사함을 느꼈습니다. 저도 강의대로 실천하면서 혈압약 끊을 거예요! 이 모든 걸 하느님께 감사드립니다!'

# 가치 있는 내 생각을 글로

1     글을 쓰라고 하면 내 생각과 남의 생각을 혼동하는 사람들이 많다. 남들이 써놓은 글에서 얻은 생각은 내 생각이 아니다. 남이 만난 사람을 쓰는 것도, 남의 삶을 쓰는 것도 글쓰기는 아니다. 그것은 남의 생각이기 때문이다. 물론 남의 생각을 받아들여 내 생각으로 발전시켰다면 내 생각이라고 할 수 있지만….

2     글로 쓰려는 내 생각에는 어떤 것들이 있을까? 나의

삶, 나의 만남, 나의 사랑, 나의 가치, 나의 일 그 모두가 내 생각이 결정한 것들이다. 그래서 무엇을 글로 쓸 것인지는 수도 없이 내 주위에 많다.

3    그런데 내 머리에 떠오른 아무 생각이 모두 글이 되지는 않는다. 우리는 생각할 때 이것이 가치가 있는지, 이것과 저것 중 어떤 것이 더 가치 있는지 늘 가치를 생각한다. 생각의 핵심은 가치다. 그래서 생각을 글로 쓴다는 것은 결국 가치 있는 생각을 글로 쓰는 것이다.

4    삶의 순간이건, 사람과의 만남이건, 그 어떤 생각이건 그 안에 가치가 깃들어 있어야 삶이 되고 만남이 되고 생각이 된다. 그러므로 가치 없는 삶의 순간, 가치 없는 만남, 가치 없는 생각은 글이 될 수 없다. 글에도 가치가 담겨있어야 비로소 글이 된다.

5    어떤 것이 나에게 가치가 있는 것일까. 삶의 순간들을 예로 들어보자. 나를 가장 설레게 했던 사건, 나에게 떠오른 귀한 생각, 내 인생의 고비, 타임머신 타고 가고 싶은 시간, 잊지 못하는 비 오던 그날, 막막하던 찰나에 만난 사람 등이

가치 있는 내 삶의 단면들이라고 할 것이다.

6　　　내 삶을 더 가치 있게 만든 생각, 인생의 전환점을 만들어준 생각, 나를 바꾼 말 한마디에 담긴 생각, 나에게 큰 영향을 미친 책, 음악, 영화, 그림에서 얻은 생각, 돈을 벌게 된 아이디어 등 가치 있는 생각을 쓰면 훌륭한 글이 된다.

7　　　아름다운 생각은 높은 가치를 담고 있다. 높은 가치를 담은 생각을 글로 쓴다면 아주 훌륭한 글이 될 것이다. 고통스러웠지만 축복으로 여기는 사건, 보람 있었던 일, 나를 쓸모 있게 쓴 날, 지위가 · 직장이 · 돈이 생기게 했던 선한 일, 남보다 앞서려고 하지 않았는데 앞서게 된 경험, 내 삶의 길을 발견하거나 삶의 방향을 잡은 순간, 사소한 물건에서 가치의 발견 등등…

# 내가 만나고 싶은 부자들

*"회장님은 고급 음식점 한번 못 갔어야. 설렁탕 같은 음식 외에는 비싸다고 먹지 않았어." 그분을 비난하는 말이 아니었다. 돈과는 비교할 수 없이 귀한 것들을 누려보지도 못하고 살다 간 한 인간에 대한 안타까움이 절절히 배어있었다.*

장인어른과 둘이서 음악을 듣는다. 무슨 음악을 들려드려야 할지 짐작할 수 있어 선곡이 힘들지 않다. 장인은 힘들 때면 홀로 성가를 조용히 부르고, 아침이면 클래식 선율에 푹 빠져 지휘까지 하고, 늘 동요를 즐겨 불렀다고 이야기해 준 아내 덕택이다.

나는 레코드판을 바꿔 올릴 때마다 신이 났다. 내가 즐겨 듣는 음악을 틀면 장인도 좋아하는 기색이 역력했다. 선명회 합창단의 동요, 베토벤의 합창 교향곡, 마리아 칼라스의 아리아, 쇼팽의 피아노협주곡, 프랑스 샹송, 미국 재즈까지 동서고금을 드나

드는 둘만의 음악 여행은 혼자만의 여행보다 스릴이 있다.

드보르자크의 신세계 교향곡이 울려 퍼지자 여든여덟의 장인은 젊은 날로 돌아간다. 50대에 떠난 낯선 미국 땅 캘리포니아에서 애리조나로, 텍사스로 거래처를 다닐 때면 카세트테이프로 신세계 교향곡을 수도 없이 반복해 들었다고 했다.

끝없이 이어진 고속도로를 달리며 미국에 신세계를 펼칠 꿈에 부풀었을 그 마음이 그대로 다가온다. 잉글리쉬 호른의 정겹고도 신비한 멜로디가 흘러나오자 나직이 말했다. "회장님은 이 좋은 음악 한번 제대로 듣지 못하고 돌아가셨어야!"

그분 밑에서 젊은 시절을 보냈던 장인은 몇 해 전 회장이 돌아가시자 몹시 섭섭해했는데 그분이 떠오른 모양이었다.


학생 시절 나는 돈 많은 재벌 회장 하면 당연히 문화적인 삶을 생각했다. 그림 걸린 집무실에서 음악도 듣고 책도 읽으며 사업도 구상하고 손님도 만날 거라고. 그런데 변호사가 되고 만난 부자도 유명 인사도 더 많은 돈을, 더 높은 자리를 쫓으려고만 했다. 돈은 쓰기 위해 버는 것이 아닌가! 돈을 벌어들이는 데에는 온갖 마음을 쏟으면서 왜 돈을 귀하게 쓰는 데에는 소홀한 것일까. 높아지려는 사람은 많아도 높은 지위를 제대로 쓰려는 사람은 드물었다.

인간이 만들어낸 것 중 가장 가치 있다는 예술세계를 가까이 하지 못하고 살아간다면 그들은 부자가 아니라 가난한 사람이라는 생각이 들었다. 돈이 없어도 인간의 고귀한 정신과 늘 만나며 살아간다면 그들이야말로 진정한 부자가 아니겠는가.

그런 생각을 하고 있는데 장인이 말했다. "회장님은 고급 음식점 한번 못 갔어. 설렁탕 같은 음식 외에는 비싸다고 먹지 않았어." 그것은 그분을 비난하는 말이 아니었다. 돈과는 비교할 수 없이 귀한 것들을 누려보지도 못하고 살다 간 한 인간에 대한 안타까움이 절절히 배어있었다.


나는 읽고 싶은 책이 있으면 어떻게든 샀다. 우연히 진공관 앰프 소리를 들은 후, 돈이 없어도 틈만 나면 오디오 가게를 기웃거렸다. 아날로그의 따스한 빈티지 스피커를 발견하면 잠이 오지 않았다. 그래서 지금은 꽤 훌륭한 시스템을 갖추게 되었다.

나는 인류 최고의 장인들이 빚은 그 오디오로 위대한 혼을 가진 음악가들이 작곡하고 역사상 최고의 연주자들이 들려주는 음악을 제대로 듣고 싶었다. 휴대폰이나 현대 디지털에서 나오는 음향과는 전혀 다른 세계를 펼쳐놓기 때문이다.

세상에는 수많은 음악인이 있지만 작곡가의 그 깊은 마음을 전해주어 우리에게 인간의 고귀함을 심어주고 싶어 혼을 불사르며 연주한 음악은 많지 않다. 그런데 그 열정적인 연주자들의 음악을 사람들의 가슴 깊이 스며들도록 혼신을 바쳐 오디오시스템을 만들어낸 사람도 있다. 음악을 통해 오래전에 살았던 그 사람들과 실감 나게 만나는 감동이란….

얼마 전에도 장인은 내 스피커에서 흘러나오는 음악을 듣다가 "야! 정말 눈앞에서 연주하는 것 같구나!" 하며 혼자서 꼭 들어보고 싶은 음악이 있다고 했다. 베토벤의 '합창 교향곡'이었다. 장인은 고등학생 시절로 돌아간 듯 눈을 감고 꼼짝도 하지 않은 채 빠져들었다.

학생 시절 부잣집 아들 집에 친구들 틈에 끼어 놀러 갔는데, 나팔 달린 커다란 축음기로 들려주더란다. 장인은 생전 처음 들어보는 그 장엄한 소리에 넋을 잃었다. 그 후 그 친구가 언제 다시 불러주나 눈치만 보다 말았다며 아쉬워했다.

그때 나는 장인이 참 부자라는 생각을 했다. 젊을 때 들었던 음악을 가슴에 품고 오늘도 신세계의 꿈을 이야기하는 장인. 자신의 순수함과 늘 만나고 더 아름다운 세상을 그리며 사는 사람이야말로 참으로 풍요로운 부자, 참으로 싱그러운 젊은이가 아닐까. 얼마나 많이 갖고 있느냐, 얼마나 젊냐가 아니라 얼마나 더 귀한 것과 가까이하려느냐가 부자와 빈자, 젊음과 늙음을 구별

하는 기준이라고 굳게 믿는다.

경제적 부의 축적으로도, 그 어떠한 정치로도 신세계는 찾아오지 않는다는 것을 우리는 이미 수없이 경험했다. 진정 아름다운 것을 아름답게, 진정 귀한 것을 귀하게 여길 때 신세계가 우리에게 다가올 것이다.

한 번 깊어진 마음은 그 마음의 깊이로 살아가게 된다. 음악 세계로의 깊은 여행을 하고 나면 나는 그만큼 새로워진다. 이런 아름다운 여행을 함께할 사람을 또 만나고 싶다.

# 내가하는 일을 글로

1    사람은 무엇으로 가치를 만들어 내는가. 사람은 자신이 가치 있다고 생각하는 일을 통해 자신의 가치를 만들고 삶을 만들어간다.

2    가치 있는 삶을 그려낼 때 좋은 글이 된다. 가치 있는 삶은 일을 통해 이루어진다. 따라서 글이 내 삶을 쓰는 것이고 가치 있는 내 생각을 쓰는 것이라면 내가 하는 일을 쓰는 것보다 더 훌륭한 글은 없을 것이다.

3    글이 가치를 담는 그릇이라면 내가 하는 일을 통해 만들어 내는 가치, 일을 통해 얻게 된 생각, 일을 통해 만나는 사람을 담아내면 된다.

4    내가 일을 통해 배운 삶의 지혜, 그 일을 통해 실현하려는 가치, 누가 뭐래도 그 일을 하려는 의지, 직장에서 진실하게 만난 사람에 대해 쓰면 글이 된다. 나의 삶을 그보다 더 잘 그려낼 수 있는 소재는 없지 않은가.

5    아무리 훌륭한 생각을 해도 그것이 가치를 만들어 내지 못하면 쓸모없는 생각이 되고 만다. 내가 가치 있다고 생각하는 것은 일을 통해 이루어지고 그것이 내 삶을 만들기 때문에 내가 하는 일을 쓰면 훌륭한 글이 되는 것이다.

# 일본말로 강의하라니!

*일본어로 소리 내 읽기 시작했다. 한 문장 한 문장 연습했지만 입에 붙지 않아 걱정이었다. 어느 순간 중요한 것은 '말'이 아니라는 생각이 들었다. 한국말을 아무리 잘해도 내용이 빈약하면 지루하지 않던가. 그렇다! 강의 내용에 힘을 쏟자.*

산책하자며 그가 도쿄의 숨겨진 명소로 데려갔다. 호수를 둘러싼 나무들 사이로 구불구불 길이 나 있었다. 숲으로 덮인 자그마한 동산도 있는 자연스런 정원이었다.

도란도란 말을 주고받으며 걷는데 그가 "일본에 왔으니 일본 사람들에게도 강의를 해야죠." 하는 것이었다. "한국말을 알아듣는 일본인에게 강의를 하라는 거죠?" "아니요. 일본말로 하라는 겁니다."

기자인 그를 불과 4일 전에 처음 만났다. 인터뷰 중 일본에서 책을 내야 하는 이유를 묻길래 나는 기다렸다는 듯이 열변을 토했었다. "일본 사람들은 타인을 너무 배려하느라 형식에 갇혀 자기 내면을 돌아보거나 자신의 삶을 털어놓는 데는 소홀한 것 같다. 일본이든 한국이든 돈, 승진, 성공 책은 넘쳐나도 무엇보다 소중한 '나'에 대한 책은 드물다. '나'와 솔직하게 만나는 글을 일본인도 읽게 하고 싶다. 일본인도 자신의 삶을 털어놓는 글을 쓰면 행복해질 거다."

그는 그런 책은 일본에도 꼭 필요하다며 나와의 인터뷰를 기사로 내더니 다시 나를 찾아온 것이다. 그런데 '일본말도 못 하는 내게 강의를 하라니?' 내가 의아한 눈빛을 보이자 "그런 일을 하려면 지금 바로 일본어에 도전해야 한다."고 했다. 몇 년 전 일본에 온 그도 일본인 취재가 큰 도전이 되어 일본어를 극복할 수 있었다며.

그동안 글쓰기 강의를 해오면서 사람들에게 글을 쓰도록 하려면 내 삶에서 흘러나오는 진심을 전해야만 가능하다는 것을 나는 수없이 체험해 왔다. 그런데 말도 못 하는 내가 일본인들의 마음을 어떻게 열 수 있겠는가. 마음의 주고받음은 통역으로는 한계가 있었다.

그런데 '도전'이라는 그의 말이 솔깃하게 다가왔다. 일본말도 꼭 써야 할 상황에 놓여야 늘 것 같았다.

우선 '동경 에세이스쿨' 광고부터 일본어로 만들어 보냈지만, 매달 월간지 만드는 데 바빠 일본어 공부할 여유가 나지 않았다. 일본에 도착해서야 겨우 강의 준비를 했다.

한국어로 강의안을 만들고 일본어로 번역해 소리 내 읽기 시작했다. 한 문장 한 문장 말을 하듯 연습해 보았지만 입에 붙지 않아 점점 걱정이 되었고, 읽기만 하다 보니 나조차도 지루하게 느껴졌다. 아침 10시부터 오후 4시까지 그런 강의를 누가 계속 듣는단 말인가. 나라도 자리를 박차고 나갈 것 같았다.

"역시 한국 사람은 무모해!" 어이없어하는 일본인들의 눈길이 눈앞에 스쳐 갔다. 잠자리에 누워도 잠이 오지 않아 심란한 마음으로 강가를 걸었다. 그런데 어느 순간 중요한 것은 '말'이 아니라는 생각이 들었다.

이십여 년 전 베트남의 팜민만 추기경 인터뷰를 하러 사이공에 갔다. 나도 영어를 잘 못했고 추기경도 베트남식 발음이라 서로 말을 잘 알아듣지 못했다.

그러다 그가 자신의 삶과, 전쟁 중에 베트남인들이 어떻게 신앙을 지켜왔는지 들려주는데 그의 온몸에서 사랑이 뿜어져 나오는 듯했다. 그때부터 그의 말이 빠짐없이 잘 들려왔다. 추기경도 귀를 기울이는 내게 한없는 사랑의 눈빛을 보내고 있었다. 정말 감동적인 순간이었다. 진실한 대화는 언어를 뛰어넘는 것이었다.

한국말을 아무리 잘해도 내용이 빈약하면 지루하지 않던가. 말이 어눌해도 내용이 충실하면 귀를 쫑긋 세우고 듣지 않던가. 그렇다! 강의 내용에 힘을 쏟자. 그들은 내 일본어가 아니라 내 내용을 들으러 올 것이다.

서울에서 에세이스쿨 강의를 할 때 한 여성분이 해주신 이야기도 떠올랐다.

"흰물결갤러리에 정희선 작가 사진전을 보러왔다가 갤러리에 비치된 <월간독자 Reader> 책을 처음 만났어요. '어머, 이렇게 훌륭한 글들이 있다니!' 하며 단숨에 끝까지 다 읽었어요.

저는 교수하며 논문만 쓴 사람이라 수필을 쓰고 싶어 6개월 동안 배우러 다녔는데 문단이라든지 구성이라든지 그런 형식만 가르쳤어요. 그런데 윤 선생님 강의는 전혀 다르네요. 오늘 강의를 들으며 글을 어떻게 써야 하는지 깨달았어요. '글쓰기 이제부터 시작이다!' 하는 자신이 생기더군요."

미국에서 박사학위를 받고 일류 대학교수를 지내다 국회의원까지 지낸 분이었다. 그런 그녀에게 내 강의가 도움이 되었다면 일본인에게도 도움이 되지 않겠는가. '말'이 중요한 것이 아니라

'내용'이 중요하다는 확신이 생겼다. 뭔가 할 수 있을 것 같았다.

드디어 강의가 시작되었다. 나는 강의안을 천천히, 강조할 부분은 말하듯이 읽기 시작했다. 그 우스꽝스러운 강의가 일본인들의 흥미를 끄는 것도 같았다.


한 젊은 일본인이 묘한 미소를 지었다. '일본말도 못 하면서 강의를 해?' 어떻게 하나 지켜보겠다는 거만한 눈빛이 느껴졌다. 그런데 뜻밖에도 나이가 좀 있어 보이는 일본인 기자 한 분이 고개를 계속 끄덕이며 강의를 듣는 것이 아닌가.

'그러면 그렇지!' 조금씩 자신감이 생겼다. 그러나 그 젊은이는 여전한 눈빛으로 나를 보고 있었다. 알맹이가 아니라 겉만 보고 있는 그의 마음을 돌려 보고 싶었다. 그에게 일본말로 "글이 뭡니까?" 물었다. 그가 "글은 자기 생각을 표현하는 것입니다." 하고 답했다. "그것은 남들도 모두 하는 말입니다. 당신의 말로 '글이 무엇인지' 말해보세요." 그는 대답하지 못했다.

당황하는 그에게 한 번 더 "글은 무엇을 쓰는 것입니까?" 하고 물었다. 그는 "자기 생각을 쓰지요." 했다. "그것도 남들이 모두 하는 말입니다. 당신은 세상 사람들이 하는 말만 따라 하고 있어요. 당신의 생각을 당신의 말로 할 수 있어야 진짜 글을 쓸 수 있습니다."

그때부터 그도 귀를 기울이기 시작했다. 강의를 마친 후 글을 쓰라고 했다. 강의장을 떠날 줄 알았던 그들이 사뭇 진지한 자세로 엎드려 글을 쓰는 것 아닌가! 정말 꿈같은 일이었다.

그 젊은이는 일본 유명 텔레비전 방송국 기획팀장이었다. 강의가 도움이 되었느냐고 했더니 지금까지 글쓰기에 대해 잘못 알고 있었는데 도움이 되었다며 또 오겠다고 했다.

고개를 끄덕여 주던 기자도 "사실 말은 칠·팔십 퍼센트만 알아들었습니다. 그러나 강의 내용은 충분히 이해했습니다. 비경쟁 가치에 대한 말씀은 경쟁의 세계에서만 살아왔던 저에게 충격입니다. 당신의 강의를 쉽게 접할 수 있는 한국 사람들이 부럽습니다. 정말 감동입니다."고 했다. 나는 한숨을 돌릴 수 있었다.

한 여성은 "지금까지 선한 삶의 가치를 몰랐는데 조금 알 것 같다. 다음번 글쓰기 강의도 꼭 알려달라."고 했다. 미혼의 일본 청년이 솔직하게 자기의 삶을 털어놓은 글은 아주 수작이었다. 그 청년의 글을 책에 실어 독자들이 읽을 생각을 하니 내가 일본에서 뭔가 대단한 일을 해낸 것 같아 뿌듯했다.

지금도 아내와 나는 그날을 무용담처럼 떠올린다. 내 능력이 아니라 선한 의지가 열매를 맺는다는 말씀을 되새기면서….

글, 어떻게 쓸까

# 글 쓰는 법을 잊어야

1     삶, 어떻게 살아야 하는 것일까 물으면 그대는 뭐라고 대답할 것인가? 마찬가지로 글, 어떻게 써야 하나 물으면 그대는 뭐라고 대답할 것인가? 삶이 글이라면 대답도 마찬가지여야 할 것이다. 삶이 어떻게든 살아지는 것이듯 글도 어떻게든 써지는 것이다.

2     글쓰기 방법이 뭐냐고 물으면 나는 분명히 대답하고 싶다. "그냥 쓰세요!"라고. 그러면 사람들은 그렇게 무성의한

대답이 어디 있느냐고 할 것이다.

3    우리는 학교에서 글 쓰는 방법에 대해, 법칙에 대해 수없이 배웠다. 문체니 기승전결이니 문법이니 어법이니…. 그리고 그 법칙에 따라 글을 쓰려고 수없이 시도했다. 그러나 그 법칙을 외워 백 점 맞았다고 글이 잘 써지던가? 여전히 글은 써지지 않았다. 왜 그럴까?

4    삶에 대한 이론을 아무리 잘 배워도 삶을 잘 살 수 없다는 것을 우리는 잘 알고 있다. 이 세상에는 '성공의 법칙'이라고 알려진 것들이 얼마나 많던가. 그러나 그런 법칙을 배웠다고 성공하던가. 그런 법칙대로 삶이 살아지던가. 법칙에 얽매인 삶은 삶이라고 할 수 없다.

5    어린이가 세상에 나와 무슨 법칙에 따르지 않아도 그는 하루하루를 잘 살아간다. 어린이가 무슨 무슨 법칙을 따라야만 살아갈 수 있다면 살아있는 아이는 한 명도 없을 것이다. 글쓰기도 무슨 무슨 법칙에 따라야 한다면 글다운 글은 한 편도 써지지 않을 것이다.

6    어린이는 세상의 법을 알기 전에 그냥 삶을 살았다. 그런데 우리는 글을 쓰기 전에 학교에서 글 쓰는 법칙부터 배웠다. 어린이에게 삶의 법칙을 알려주고 그 법칙대로 살라고 하면 살아갈 수 있을까? 마찬가지로 우리에게 글 쓰는 법칙부터 알려주고 법칙에 따라 글을 쓰라고 했으니 우리가 글을 쓸 수 있겠는가.

7    어린이가 그냥 자라듯이 글도 그냥 써야만 쓸 수 있다. 어떻게 살아가는지 법칙을 몰라도 어린이는 삶을 살아간다. '어떻게 글을 쓸까?' 묻는 것은 글 쓰는 법칙을 묻는 것이다. 왜 글을 쓰려고 하면서 법칙을 묻는가? 그대는 삶의 법칙을 물으며 삶을 살고 있는가.

8    어린이는 어떻게 커가던가. 엄마 아빠가 하는 말을 듣고 말하고, 먹는 것을 보고 먹고, 걷는 것을 보고 걷는다. 사람들이 인위적으로 만들어 놓은 법칙을 배우지 않고 삶에서 저절로 삶을 습득한다. 글을 쓴다는 것도 마찬가지다. 좋은 글을 보면 좋은 삶이 나온다. 좋은 삶을 살면 좋은 글이 나온다. 그보다 더 좋은 글쓰기 방법이 있을까?

9     글을 어떻게 쓸 것인가 법칙을 고민하는 것은 글쓰기를 포기하겠다는 것을 의미한다. 글은 내 삶을 쓰는 것이어서 내 삶을 그려내면 되는 것인데 방법을 물을 필요가 있겠는가. 내가 살아온 삶을 그냥 써지는 대로 쓰면 글이 되는 것이다.

# 태어나서 처음 웃어본 남자

*한참 웃고 난 그가 갑자기 울먹이면서 "태어나서 정말 웃어본*
*것은 처음입니다. 내가 이렇게 잘 웃는 사람인 줄 몰랐습니다."*
*더듬더듬 말을 끝낸 사나이의 눈에는 눈물이 그렁그렁했다.*

강의를 시작하려는데 10여 명의 남자들이 눈에 띈다. '저 남자
들의 얼굴이 밝아진다면! 저 두꺼운 벽을 무너뜨릴 수는 없는 것
일까.'

그런데 그날 한 남자가 내 질문이 너무나 말도 안 된다는 듯
번번이 삐딱하게 대답했다. '나도 당신 못지않게 세상 경험도 많
고 지식도 있다.'는 거만함이 묻어났다. 은근히 자신을 드러내는
그 남자가 자신의 삶을 깊이 돌아보았으면 싶었다.

"웃을 줄 아세요?" 내 질문에 그는 웃지 못하는 사람이 어디 있

냐고 도전적으로 되물었다. 그에게 웃어보라고 했다. 그는 웃는다고 웃었지만 그것은 찡그린 얼굴이었다. 나는 그건 웃음이 아니라고 단호하게 말했다. 그는 당황하면서도 그 이유를 궁금해하는 것 같았다.

"웃을 때도 생각에 따라 웃음의 가치, 사람의 가치가 달라지지요. 기뻐야만 웃는 사람과 슬플 때도 웃는 사람의 가치가 어떻게 같겠습니까!

지금도 웃어보자고 하면 입만 웃는 사람, 얼굴 전체가 웃는 사람, 온몸으로 웃는 사람, 마음을 다해서 웃는 사람도 있죠. 자기만 즐겁게 웃는 사람, 남을 기쁘게 하려고 웃는 사람, 우주와 하나 되어 웃는 사람, 신과 함께 웃는 사람도 있습니다. 그런데 선생님은 지금 어떤 웃음을 웃고 계십니까?"

그제야 그가 알아듣는 듯했다. "자, 나처럼 한번 웃어보세요!" 내가 큰소리로 웃기 시작하자 그도 웃기 시작했다. 나는 그의 마음이 활짝 열리기를 바라며 신나게 웃었다. 내 몸속 모든 세포들이 기뻐하며 환호하는 듯했다. 그의 얼굴에도 점점 자연스러운 미소가 퍼지더니 주위도 의식하지 않고 웃기 시작했다.

한참 웃고 난 그가 갑자기 울먹이면서 "태어나서 정말 웃어본 것은 처음입니다. 내가 이렇게 잘 웃는 사람인 줄 몰랐습니다."

더듬더듬 말을 끝낸 사나이의 눈에는 눈물이 그렁그렁했다.

눈물과 기쁨으로 범벅이 된 그의 얼굴에서 그의 인생이 다가왔다. 어릴 때부터 얼마나 힘들게 살아왔을까! 무시당하지 않으려고 얼마나 애를 썼을까! 한 푼이라도 더 벌기 위해 하루하루 앞만 보고 달려왔을 그. 사랑받고 관심받고 싶어 평생을 열심히 살아왔지만 이제 그에게 남은 것은… 한 번도 웃지 못하고 살아온 인생뿐!

"인생에 한 번도 웃어 보지 못한 사람에게 복이 들어가겠습니까?" 코뿔소 같던 그가 순한 양이 되어 대답했다. "아멘!" 사람들이 폭소를 터뜨렸다. 잠깐 사이지만 그는 분명 달라져 있었다.


서른 중반, 법정에 가면 변호사도 판사도 방청객도 모두 누군가를 제압하려 들었다. 환하게 웃는 한 사람만이라도 만날 수 있다면…. 그렇다고 나 혼자 웃고 다닐 배짱도 없었다. 축 늘어진 어깨로 법정을 나오면 세상은 온통 암흑 같았다. 꽉 막힌 가슴, 하소연할 곳 없는 아픔이 늘 나를 감싸고 있었다. 집에 가면 아내에게 아이들에게 짜증을 부렸다.

그때 한 부부와 만나게 되었다. 그들은 서울 근교 산밑에 방한 칸을 세 들어 살고 있었다. 마당에 놓인 평상에 앉으니 하늘도 푸르렀다. 부부는 서로 마주 보며 늘 싱글벙글이었다. 변호사라고 하면 성공했다고 말들 하지만 내가 성공한 사람인지, 그가 성공한 사람인지 생각해 보게 되었다.

나는 왜 그렇게 행복하냐고 물었다. "남의 눈을 의식하지 않고 내가 정말 살고 싶은 대로 살면 행복해집니다." 내가 변호사가 된 것도 어쩌면 남들이 나를 알아주기를 바라는 마음에서였을 것이다. 법정에서 나 역시 웃지 못하는 것도 남의 눈치를 보며 분위기에 맞추려 하기 때문이었다.

나도 내가 정말 살고 싶은 대로 살아보기로 했다. 법정에 갈 때도 웃고 싶으면 웃었다. 왜 실없이 웃고 다니느냐고 시비를 거는 변호사도 있었지만 아랑곳하지 않았다. 법정을 나설 때면 신선한 바람이 내 몸을 휘감는 듯해 발걸음이 경쾌해졌다.

그때부터 축복이 쏟아졌다. 새벽 미사에 나갔고, 변호사가 무슨 종교 잡지 따위를 하느냐는 말도, 대검찰청 앞에 무슨 공연장이냐는 말도 웃어넘길 수 있었다. 남의 눈 의식하지 않고 나 하고 싶은 걸 하면서 얻는 행복은 이루 말할 수 없이 컸다. 그 행복이 강의장에 찾아온 그에게도 눈치 보지 말고 웃어보라고 할 수 있는 힘이 되었다.

# 글감만 발견하면

1     학교에서 우리는 글의 재료에 대해서, 글의 재료를 어떻게 그려내는지에 대해서는 거의 배우지 않았다. 우리가 배운 것은 화려체니 건조체니, 우유체니 강건체니, 기승전결이니 하는 문장구사능력만 배웠다. 그리고 그 문장구사능력에 따라 성적이 매겨졌다. 그런 습관 때문에 우리는 글을 쓰려면 문장구사능력이 좋아야 한다고 착각해 온 것이다.

2     글 쓰는 법을 배운 것이 아니라 글을 평가하는 법만

배웠다. 그것은 글쓰기를 힘들게 하는 아주 나쁜 독이다. 글을 못쓰는 것은 학교에서 독을 먹었기 때문이다. 남이 해 놓은 요리를 먹으면서 평가만 해온 사람은 싱싱한 요리 재료가 어떤 것인지 고를 수도 없고, 설령 골랐다 하더라도 요리를 할 수 없을 것이다.

3    요리를 한 번도 해보지 않은 사람이 요리를 잘하려면 어떻게 해야 할까? 요리 기술을 배우기 전에 요리 재료를 잘 고르는 법부터 배워야 할 것이다. 그런데 요리 재료 선택은 배우지 않고 요리 기술만 배우려고 덤벼들면 요리는 어려울 수밖에 없다.

4    싱싱한 생선으로 요리할 때 어떻게 해야 하는가. 그 싱싱한 생선에 온갖 양념을 치고 온갖 기술을 부리고 온갖 치장을 한 음식과 그 생선의 싱싱한 맛을 살린 음식 중 무엇이 더 당신의 입맛을 돋우는가.

5    마찬가지로 훌륭한 글의 재료를 발견하면 그 글의 재료로 어떻게 글을 써야 하는가? 그 훌륭한 글의 재료에 온갖 미사여구를 붙이고 온갖 지식으로 해석을 하고 온갖 논리로

장식을 한다면 읽고 싶은 마음이 싹 사라질 것이다. 그 글의
재료의 고유하고 신선한 맛만 보여주면 훌륭한 글이 된다.

6    글을 못쓰는 이유는 멋진 문장으로 글을 쓰려 하기 때
문이다. 나의 문장구사능력이 5라면 10의 문장을 쓸 수는 없
을 것이다. 그럼에도 5의 능력을 가진 사람이 10의 능력으로
글을 쓰려 하니 글이 어려울 수밖에 없다. 5의 능력을 가진
요리사가 싱싱한 재료만 구하면 5의 능력만으로 요리해도 훌
륭한 요리를 만들어 낼 수 있듯이, 글의 재료만 훌륭하다면
나의 부족한 문장구사능력으로도 얼마든지 훌륭한 글을 쓸
수 있다.

# 내가 극빈자였다고?

*"당신은 극빈자였어!" 38년 만에 만난 그가 느닷없이 말했다. 나를 두고 한 말 인지 헷갈려 잠시 주춤하던 사이 그가 "내가 34평 고층아파트 살 때 저층 13평에서 13만 원 월세 살았잖아. 그때 당신은 극빈자였어." '내가 극빈자였다고?'*

"당신은 극빈자였어!"

38년 만에 만난 그가 느닷없이 큰 소리로 말했다. 순간 나를 두고 한 말인지 헷갈려 어리둥절했다. 잠시 주춤하던 사이 그가 다시 말을 이어갔다. "내가 34평 고층아파트에 살 때 저층 13평 에서 13만 원에 월세 살았잖아. 그때 당신은 극빈자였어." 깜짝 놀랐다. '내가 극빈자였다고?'

40년 전 나는 오류동에서 방 한 칸 전세를 살았다. 거실과 2개 의 방이 있는 자그마한 연립주택이었다. 주인 가족 넷이 큰 방을 쓰고 나와 여동생은 거실 바로 건넛방에서 살았다. 주인집에서 텔레비전이라도 켜면 책을 볼 수 없어 안절부절이었지만 전철역이 가까워 만족스럽게 지냈다.

처음 서울에 올라왔을 때는 고모네 달동네 좁다란 다락방에서 지내기도 했고, 고향 이웃집 두 자매가 사는 월세방에 얹혀 지낼 때는 큰 천으로 가리고 옷을 갈아입어야 할 만큼 옹색하게 지낸 적도 있어, 전철역 바로 옆 전세방은 그야말로 나만의 행복한 보금자리였다. 그러다 사법시험에 합격하자 22만 5천 원의 월급이 나왔다. 전철을 갈아타지 않고 한 번에 서초동 사법연수원을 다니고 싶었다. 어디로 가야 하나?

대학 시절 놀러 갔던 친구의 집, 잠실 고층아파트가 떠올랐다. 전망 좋은 거실과 신식 화장실을 갖춘 그 고층아파트는 촌놈인 내게 으리으리한 궁궐처럼 보였다. '나도 이런 아파트에 살 수 있을까?' 감히 꾸어서는 안 될 꿈 같았다.

그 집을 나와 전철역으로 향하는데 저층아파트들이 보였다. 낡았지만 나무도 많고 운동장도 있고 전철역도 가까웠다. 저 아파트에 살 수 있다면! 나는 그 아파트를 알아보기로 했다. 월세가 13만 원이었다. 월급에서 월세를 내고 나머지 9만 5천 원으로 살면 되겠구나!

시골에서 다니러 온 어머니는 잠실에 아파트를 얻었다고 하자 부자라도 된 듯 뿌듯해했다. 거실 하나에 방 하나인 단출한 아파트였지만 나는 왕궁이라도 가진 듯 만족스러웠다.

밥 지을 때 들려오는 어머니의 노랫소리, 동생들의 웃음소리를 들으며 나는 책을 소리 내어 읽곤 했다. 그 행복했던 나를 그가 극빈자로 여겼다니! 나조차도 잊어버린 월세 금액에 아파트 평수까지 정확히 기억하면서⋯ 연수생 시절 왠지 모르게 그가 나를 무시한다는 느낌이 들 때가 많았다. 왜 그럴까 궁금했는데 이제야 그 의문이 풀리는 듯했다.

며칠 전 신문에서 눈길을 끌었던 헤드라인! 「"너 전세 살지?" ⋯ 등기부등본 떼보고 왕따시키는 강남 초딩들」 그 아래 고딕체 기사 내용은 더욱 기가 막혔다. 「1등급은 빚 없는 자가自家, 2등급은 빚 있는 자가, 3등급은 전세. 전세 산다며 왕따당해 이사 가기도. 부모 행태 따라 하는 아이들 씁쓸」

초등학교 때 아버지의 파산으로 우리는 밥 먹기도 힘들 정도로 가난해졌다. 도시에서 이사 온 앞집 아이는 나를 보면 함부로 굴었다. 두 살이나 많은 힘센 그에게 나는 불만이 쌓여갔다.

어느 날 시비를 거는 그에게 나는 작정하고 덤벼들었다. 그가 당황해하자 그때 그의 아버지가 소리쳤다. "학이는 가난해서 대학도 못 가! 넌 대학 갈 놈 아니냐? 상대하지 마라!"

세월이 흘러 나는 서울대학을 나와 변호사가 되었다. 그러나 그는 대학에 가지 못했다.

내 삶에 비추어 보면, 전세 사는 아이와 놀지 말라는 부모가 정말로 존재한다면 그 부모는 오히려 자식의 장래를 망치려고 작정한 것이라고 나는 확신한다. 돈의 많고 적음, 지위의 고하, 아파트 크기로 사람을 보는 사람은 결국 물질의 노예로 살아갈 것이기에.

초등학생 실력뿐인데 부모의 힘을 빌어 대학에 들어간다면? 부모는 그 자녀에게 더 높은 학문을 스스로 쌓을 수 없게 만든 것이다. 마찬가지로 방 한 칸도 제 손으로 마련해 보지 못한 자녀가 부모덕에 아파트를 가지면? 그 부모는 자녀가 아파트 한 채 이상의 경제 운용 능력을 키우지 못하도록 막는 것이다.

학력이든 경제력이든 스스로 쌓지 않는 탑은 곧 무너지고 말 모래 위의 성일 뿐이다.

나는 그에게 그 고층아파트를 어떻게 마련했느냐고 물었다. 그는 아버지 도움으로 샀다고 자랑스럽게 말했다. 그가 방 한 칸, 아파트 한 채의 절실함을 과연 알까?

젊은 시절 그가 궁금했던 것이 '친구가 어떤 생각을 갖고 사는 지, 친구의 꿈은 어떤 것인지'였었다면…. 그는 나를 극빈자라고 생각조차 하지 않았을 것이며 내 월세 따위엔 관심도 없었을 것이다. 오히려 "윤 변호사, 당신은 참 멋진 꿈을 갖고 있었어!" 하며 반가워하지 않았을까.


나는 살아오면서 아무리 궁핍한 상황에서도 어렵게 살고 있다는 생각을 한 번도 해 본 적이 없었다. 내 가슴 속에는 무한한 부유함이 숨어 있었기 때문이다. 어릴 적 읽었던 책 덕분일 것이다. 지혜만 있다면 돈은 얼마든지 갖게 된다고, 그러나 아무리 돈이 많아도 지혜 없는 자는 결국 모든 것을 잃는다고 그 수많은 책들이 내게 분명히 알려주었었다.

집 한 채로 친구들을 평가하고 멸시하는 아이가 풍요로운 삶을 사는 어른으로 커가겠는가. 결국 돈의 노예로 살아갈 것이다. 돈으로 사람을 평가하는 사람은 돈을 우러러보며 살 수밖에 없기에 돈도 자기보다 낮은 '돈의 노예'에게 가고 싶겠는가.

가슴에 품은 생각의 크기로 사람을 평가하는 사람은 돈을 우러러보지 않는다. 오히려 돈이 그를 우러러보기에 그에게 돈이 따라다닐 수밖에 없다.

부자는 돈 많은 사람이 아니라 훌륭한 생각, 아름다운 꿈을 가진 사람이다. 우리 모두 그런 진짜 부자가 된다면!

# 글은 내 삶을 '그냥' 써야

1    우리는 글을 시작하면서부터 법칙에 얽매이니 글이 나올 수 없다. 왜냐하면 처음부터 정리된 글을 쓰려고 하면 법칙에 얽매여 삶을 그대로 그려낼 수 없기 때문이다. 내 마음에 그려진 삶의 장면을 '그냥' 그려내면 그대로 글이 된다.

2    글을 '그냥' 쓴다는 것은 내 삶을 꾸미지 않고 있는 그대로 쓰라는 것이다. 은유나 비유와 같은 미사여구나 기승전결과 같은 논리에 얽매이지 말고 내 삶을 있는 그대로 쓰라

는 것이다.

3    내 삶을 있는 그대로 쓰라고 해도 꼭 주장이나 이론을 쓰면서 내 삶을 썼다고 우기는 사람들이 많다. 주장이나 이론은 이미 누군가 말했던 것인데도 내 주장이나 내 이론이라고 우기는 것은 무엇 때문일까? 그것은 남의 주장이나 이론에 따라 삶을 살았다는 증거다. 그런 증거가 있는데도 그들은 그런 이론이나 주장을 내 것인 양 착각하는 것이다.

4    사람들은 이론이나 주장에 맞춰서 내 삶을 써야만 좋은 글이라는 편견에 싸여 있다. 그래서 내 삶을 쓰면서 '선한 삶에 선한 대가가 따라온다'느니 '악한 삶에는 악한 대가가 따라온다'느니 하는 이론이나 주장에 내 삶을 맞추어 글을 맺으려 한다. 그런 글은 내 삶을 있는 그대로 쓰는 것이 아니라 이론이나 주장에 맞춰 내 삶을 쓰려는 것이다. 그것은 내 삶이 아니라 이론이나 주장을 쓰는 것이다.

5    삶은 내 앞에 있는 실재라서 우리는 그것을 어렵지 않게 그려낼 수 있다. 내 삶을 이론이나 주장에 맞추려 들지 않으면 '그냥' 있는 그대로 써나가게 되어 내 삶이 그대로 담긴

글이 나올 수밖에 없다.

6     무언가를 떠올리면 말이나 글보다 맨 먼저 그림이 그려지지 않던가. 어린 시절의 꿈결 같은 순간도, 부모와의 다정한 시간도, 친구들과 뛰놀던 장면도, 대학에 합격했을 때의 기쁨도, 첫사랑의 아련한 추억도 언어로 다가오기 전에 먼저 그 순간들이 그림으로 다가온다. 글은 그렇게 다가온 그림을 '그냥' 글로 그려내는 것이다.

7     삶이 그림으로 다가오면 그림을 그리듯 '그냥' 그려내는 것보다 더 좋은 글이 있겠는가? 그렇게 다가온 그림을 더 멋지게 보이려고 덧칠을 하고 꾸미면 그것은 내 삶이 아니라 남의 삶이 되어버린다.

# 물지게 지고 오던 밤

아버지는 늘 내 곁에 있어 주었다. 나와 바둑, 장기를 두었고 어려운
산수 문제도 같이 풀었다. 한약방을 하는 아버지가 저울을 들고 한약을 지으면
나는 작두로 약재를 썰었고, 내가 숙제를 하면 아버지는 연필을 깎아주었다.

"재벌 집안에 아들과 아버지가 있는 줄 알아?" 형제간의 재산
문제를 아버지와 허심탄회하게 상의해 보라는 내 권유에 재벌
회장 아들은 그렇게 말했다.

아버지에 대한 불만을 신세대라는 우월감으로 거침없이 쏟아
내며 늘 아버지를 무시하는 말을 했었지만 그럴 때마다 그가 아
버지에 대한 애정을 에둘러 표현하는 줄 알았다. 그런데 그 말을
듣고부터는 생각이 달라졌다. 큰 키에 미남인 그가 무엇 하나 부
족함이 없어 보였지만 그를 만나고 나면 뭔가 허전했다.

한번은 그와 점심 먹으러 가는데 임원들이 엘리베이터 앞에서 인사를 했다. 그들이 멀어지자 "저렇게 굽실대기만 하는 놈들이 회사에 꽉 차 있다. 저놈들 보는 것이 지긋지긋하다."며 빨리 밖으로 나가자고 했다. 어릴 때부터 진심을 알 수 없는 인사, 겉치레 겸손을 수없이 보며 자랐을 재벌 회장 아들 자리가 안쓰럽게 느껴졌다.

　어린 시절 나는 부잣집을 동경했다. 영화를 보면 잔디가 깔린 널따란 정원에서 아빠가 사다 준 멋진 자전거를 타고 있는 아들, 생일이나 크리스마스 때면 선물을 한 아름 들고 나타나는 아빠…. 내 아버지는 한 번도 그런 선물을 해주지 않으셨다.

　하지만 아버지는 늘 내 곁에 있어 주었다. 나와 바둑, 장기를 두었고 어려운 산수 문제도 같이 풀었다. 가끔은 돈을 걸고 화투도 쳤다.

　한약방을 하는 아버지가 저울을 들고 한약을 지으면 나는 작두로 약재를 썰었고, 내가 숙제를 하면 아버지는 연필을 깎아주었다. 늦은 밤까지 내가 공부를 할 때면 아버지도 내 옆에서 약방문을 썼다. 학교에서 돌아오면 아버지부터 찾았고, 아버지도 그날 학교에서 있었던 일을 시시콜콜 물었다. 나는 시험성적은 물론 어떤 문제를 어떻게 틀렸는지까지 다 말했다.

한약방에 손님이 많아 아버지 서랍에 돈이 모이는 날이면 내 주머니가 든든한 듯 기뻤다. 그렇게 나와 아버지는 하나였다.

그런데 그 재벌 회장 아들에게는 그토록 많은 것을 이룬 아버지가 그렇게 별 볼 일 없는 존재라니….

20년이 흘렀다. 모든 재산을 물려받은 아들이 회장이 되었다. 뉴스를 통해 불미스러운 일로 수사를 받거나 구설에 오르는 그를 보며 사람에게 진정 중요한 것은 무엇일까 생각해보게 된다.

어린 시절 가뭄이 들었다. 몇 달만 비가 안 와도 물이 마르는 섬마을에 2년이나 계속 가뭄이 드니 먹을 물도 구할 수 없었다. 여유 있는 집은 저수조를 만들어 물을 저장해두었지만 단칸셋방을 살던 우리 집엔 물동이가 고작이었다.

중학생이었던 나는 물 긷는 사람들이 드문 한밤중에 십여 리 떨어진 샘터에 가서 졸졸졸 나오는 물을 한참 동안 모아 길어 와야 했다. 양옆에 물동이가 달린 물지게에 물을 가득 담아 걷다가 쉬고 걷다가 쉬곤 했다. 그래도 아버지와 함께 가는 날이면 그 고된 일이 하나도 힘들지 않았다.

내가 힘들어하면 아버지가 물지게를 지고, 아버지가 힘들어하면 내가 물지게를 지고 걷던 그 고된 길이 요즘에는 왜 그렇게 낭만스러운 길로 다가오는지….

아버지는 힘겹게 살아온 옛이야기며 어린 시절의 꿈도 들려주었다. 나는 수십 년 전 옛날로 돌아가 할아버지와 할머니도 만나고, 아버지의 할아버지와 할머니도 만날 수 있었다. 밀항을 해서라도 일본으로 건너가 막노동이라도 하며 공부하고 싶었지만 그러지 못했던 아버지의 아픈 가슴도 느낄 수 있었다.

집에 와 항아리에 물을 부으면 우리는 부자가 된 듯했다. 한 그릇 물로 세수하고, 그 물을 아껴두었다가 발도 씻고 걸레도 빨고…. 그 물은 며칠간 우리 가족을 풍요롭게 해주었다. 나는 그렇게 절약을 배웠는지도 모른다. 도회지에 나와 돈이 떨어져도 걱정되지 않았다. 아껴 쓰면 되고 하나를 여러 용도로 쓰면 된다는 배짱이 생긴 것이다.

요즘 결혼할 자녀들의 집 장만이 어렵다고 하소연하는 부모들이 늘어가고 있다. 그런데 놀랍게도 아이들과 아름다운 추억을 만들지 못한 것을 아쉬워하는 부모들은 의외로 적다. 정작 우리가 해야 할 것은 무엇일까.

나는 일본에 가면 가끔 아버지를 떠올린다. 젊은 시절 그렇게 가보고 싶어 했지만 그 땅을 한 번도 밟아보지 못했던 아버지. 돌아가시기 전 한번 모시고 왔더라면 하는 아쉬움이 밀려온다.

등록금을 못 내 초등학교를 겨우 1년만 다니다 만 아버지, 한

학은 물론 일본말에도 능통했던 아버지가 공부를 했더라면 무언가 이루지 않았을까.

언젠가 동경대학에 갔다가 아버지가 생각났다. 아버지에게 그 붉은 벽돌의 동경대학은 넘볼 수 없는 세계였을 것이다. 아버지가 일본에 건너왔더라면 어쩌면 노동을 해서라도 이 대학을 다녔을지도 모르겠다는 생각도 해보았다.

그러다 문득 아버지와 물지게 지고 오던 그 달 밝은 밤이 스쳐 갔다. 달빛으로 물든 고요한 바다를 보며 조각배를 저어 아버지와 조그마한 섬으로 물 길으러 갔던 뱃길도 다가왔다.

아버지는 사람들이 말하는 세상적인 성공은 못했지만 아들인 내게 너무나 많은 것을 남기고 떠났다는 생각이 들었다. 언제나 다정했던 아버지, 그런 아버지와 함께 친구처럼 살았던 나보다 더 행복한 어린 시절을 보낸 사람은 없지 않을까? 내가 뭔가 못마땅해 화를 내면 입을 실룩거리며 뭔가 한마디 하려다 그만두곤 했던 선량한 아버지….

서울대학을 나오고 변호사에 법학박사도 되었지만 나는 내 아이들에게 그렇게 다정했던가. 재판 준비를 한다, 책을 만든다, 칼럼을 쓰고 방송에 출연하고 건물을 짓는다며 그 재벌 회장처럼 수많은 것을 이루었지만 정작 내 아이들과는 달빛으로 물든 바다를 함께 보고 오순도순 이야기를 나눈 시간들이 얼마나 있었을까?

'아버지는 아들을 기다리지만, 아들은 아버지를 기다리지 않는다.'고들 이야기한다. 그러나 어쩌면 이 세상의 모든 아들들도 아버지를 기다리고 있지 않을까. 우리가 늘 하늘에 계신 아버지를 찾듯이….

아버지는 하늘나라로 가셨지만 내가 어릴 적 아버지를 기다렸듯이 나이 든 오늘도 나는 아버지를 기다린다.

# 글은 그림으로 그려내야

1    생선으로 요리를 하려면 먼저 그 생선으로 회를 뜰 것
인지, 탕을 끓일 것인지, 전을 부칠 것인지, 어떤 그릇에 어
떻게 담을 것인지 그림부터 그려야 한다. 그런 그림이 그려
지면 어떻게 요리할지 방법도 떠오를 것이다. 마찬가지로 내
삶을 글로 쓰려면 글을 쓰기 전에 먼저 머릿속에 떠오른 글
의 소재로 그림을 그려야 한다.

2    그림은 어떻게 그리는가? 배우자와 처음 만난 날, 어

머니와 슬픈 이별의 장면, 학교에 지각하여 선생님께 혼나던 날, 대학입시에 합격한 날의 감격, 생일 잔칫날 받았던 선물…. 우리 안에는 수많은 그림들이 들어있다. 그 그림 중 하나를 골라 그 장면을 떠올리면 내 머릿속에, 내 가슴속에 그림이 저절로 그려진다.

3    생선이 싱싱하면 잡다한 양념 없이 굽기만 해도, 찌기만 해도 맛있지 않던가. 글의 재료인 그림이 글쓴이의 가슴을 뛰게 하면 그 장면이 저절로 그려진다. 아니, 그 장면 속으로 달려가게 한다. 그 순간, 그 장면을 '그냥 솔직하게' 그리면 생생한 글이 된다.

4    화가는 그림을 어떻게 그리던가? 대상을 그리되 강조할 부분은 강조하고 생략할 부분은 생략한다. 글도 강조할 부분은 자세히 그리고, 생략할 부분은 생략해야 한다. 사실대로 그려낸다며 장면의 모든 것을 담는다면 그것은 사진이 될 뿐이다. 글은 사진이 아니라 그림이다.

5    무엇을 강조하고 무엇을 생략할 것인가? 그것은 내가 무엇을 쓰려고 하는지에 따라 달라질 것이다. 시내를 걸어

가면 수없이 많은 사물들이 스쳐 지나가는 데도 내가 관심을 두고 있는 것, 내가 가치 있다고 여기는 것만 보이듯이 내가 무엇을 그림으로 그려낼지는 내 관심사나 내 가치관에 따라 저절로 선택된다. 그래서 무엇을 강조하고 무엇을 생략할 것인가는 고민할 필요가 없다.

6    가치관이 분명한 사람은 무엇을 강조하고 무엇을 생략할지 고민하지 않아도 삶의 어떤 순간을 쓸 것인지, 그 순간에 떠오른 어떤 부분을 그려낼 것인지 너무나 확실하게 다가온다. 그렇게 다가온 삶의 장면을 '그냥' 그려내면 글이 된다. 그런데 그 장면을 이렇게 써볼까 저렇게 써볼까 고민하다 보면 실제의 삶을 그려내는 것이 아니라 머릿속의 삶을 그려내게 된다.

7    좋은 글을 쓸 수 있느냐 여부는 문장구사능력에 있지 않고 글감이 좋으냐, 글쓰기 전에 그림을 잘 그렸느냐에 달려 있다. 그런데 사람들은 글의 재료는 걱정하지 않고, 글쓰기 전에 그림은 잘 그리려고 하지 않고 문장구사능력만 탓한다.

8    그림을 그린 후 그 그림에 따라 글을 써나가면 그럴듯한 수식어나 문학적 표현이 없어도 독자도 그 그림을 볼 수 있어 좋은 글이 된다. 독자가 읽으면서 그림이 그려지지 않는다면 좋은 글이라고 할 수 없다.

# 내 영혼의 돛단배

*나의 유년 시절은 그렇게 유유히 떠다니는 돛단배와 함께했다.*
*나는 고향을 떠나면서 그 바다와 그 돛단배와 그 봄바람을 잊고 지냈다.*
*책을 읽으며 도쿄와 뉴욕, 파리와 런던을 동경했다.*

나는 해남 송지 땅끝마을 가까운 곳에서 태어났다. 우리 집 마당에 서면 바로 눈앞에 바다가 펼쳐졌다. 멀리 산봉우리들이 다정하게 서 있고, 머리를 돌리면 야트막한 방파제가 기다랗게 뻗어있었다. 반원 모양의 아늑한 만에는 봄이면 호수처럼 잔잔한 바다 위로 돛단배가 떠다녔다.

어머니 품속처럼 다정하고 부드러운 바다. 바닷물에 쏟아져 내리는 따사로운 햇살을 싣고 느릿느릿 실바람을 타고 미끄러져 가는 돛단배!

나는 살랑대는 봄바람을 맞으며 한없이 돛단배를 바라보곤 했다. 저 조그만 배는 어디로 가는 것일까? 늘 궁금했지만 나는 누구에게도 묻지 않았다. 돛단배가 만의 입구를 벗어나 자그마한 몇 개의 섬이 점점이 늘어서 있는 먼바다로 벗어날 때까지 나는 왜 그렇게 하염없이 바라보았을까?

나의 유년 시절은 그렇게 유유히 떠다니는 돛단배와 함께했다. 나는 고향을 떠나면서 그 바다와 그 돛단배와 그 봄바람을 잊고 지냈다. 책을 읽으며 도쿄와 뉴욕, 파리와 런던을 동경했다. 고층빌딩의 탁 트인 사무실과 공원이 내려다보이는 맨션도 갖고 싶었다.

학교에 다니면서 직업을 갖게 되면서, 나는 영어와 수학으로 법과 경제로 사람들 속으로 걸어갔다. 어릴 적 본 그 돛단배처럼 느리게 살아가서는 안 되는 세상이었다.

법과대학에 가고 변호사가 되고 박사가 되었다. 뉴욕에도 도쿄에도 자그마한 사무실을 냈다. 사랑스러운 아내를 만나 귀여운 자녀들도 키웠다. 앞이 탁 트인 큼지막한 아파트도 갖고 아담한 사옥도 지었다.

어릴 적 책을 보며 문학청년처럼 글을 써보겠다는 소년 시절의 꿈도 이루었고, 공연을 보며 나도 한번 만들어보겠다고 다짐했던 뮤지컬도 만들었다.

법정에 서서 상대를 제압하는 스릴도 맛보았고, '흰물결아카데미'와 '흰물결예술학교'를 열어 사람들과 희망을 나누고 싶어 하는 나의 선의에 스스로 자부심도 가져봤다. 아주아주 바쁘게 열심히 달려온 하루하루였다. 나는 무엇을 위해 어디를 향해 노심초사 쉬지 않고 달려왔을까?

바닷물이 빠지면 아낙네들은 광활한 뻘밭으로 치마를 허리에 묶고 뛰어들었다. 낙지며 조개며 바지락이며 게를 바구니 가득 잡아 왔다. 어머니도 가끔 그 대열에 끼었고 음식 솜씨를 발휘했다. 부엌에서 집안 가득 풍겨오는 고소하고 향긋한 내음. 그 풍성한 밥상에 앉아 때로는 어리광 부리고 때로는 얌전한 아이가 되고 때로는 대왕처럼 군림하던 그때, 그래도 나는 어머니 치마폭을 벗어나지 못했다.

여름날이면 어머니는 방문을 열고 노래를 불렀다. 어머니 팔에 누워 있으면 마당의 나뭇잎들도 노래를 부르는 듯했다. 스르르 잠이 들려고 하면 어머니의 노래는 자장가로 바뀌고….

어머니가 집이라도 나서려는 기색이 보이면 나는 얼른 방문을 열고 어머니 치맛자락을 잡고 따라가겠다고 생떼를 부렸다. 그러면 어머니는 나를 앞세우고 마실을 갔다. 텃밭에 고추를 따러 갈 때도, 부엌에서 불을 지필 때도, 잠자리에서도 나는 어머니를 놓지 않았다.

언젠가 어머니가 나를 두고 장에 가셨다. 아무리 기다려도 오지 않는 어머니…. 장으로 가는 길을 향해 걷다 다리에 걸터앉아 쭉 뻗은 신작로를 바라보았다. 아무리 기다려도 보이지 않아 울음을 터뜨리려던 순간 저 멀리서 여인네 둘이 걸어오고 있었다. 아무리 멀리 있어도 알아볼 수 있는 어머니! 그때의 그 기다림과 그 만남은 아직도 내 가슴에 남아 있다.

밤이 되어 풀 먹인 이불에 누웠을 때의 그 평온함, 도란도란 이야기를 나누던 아버지와 어머니에게서 느껴지던 그 다정스러움, 잠이 오지 않아 떼를 쓰면 아버지가 들려주던 옛이야기의 재미… 그러다 뒤가 마렵다고 하면 아버지는 갯벌 위에 지은 변소에 데려가 마당에서 나를 기다렸다. 지금도 들리는 아버지의 음성 "학이야~ 아직 다 안 봤냐?"

바닷바람도 불고 파도 소리가 들려오고 아버지의 다정한 음성도 들려오던 그때, 온 세상이 모두 나를 위해 있는 것 같았다. 그러나 소년이 되면서 어른이 되면서 그 모든 것이 바뀌었다. 나도 자동차를 타고 KTX로 비행기로 사람의 물결 속에 흘러들었다. 지식을 쌓고 논리로 무장하여 수없이 많은 일을 해나가면서 나의 성을 높이 쌓아 갔다. 그런데 정작 나는 내가 정말 해야 할 일을 잘하며 살고 있는 것일까.

어릴 적 산봉우리와 방파제만 보이던 바다는 그저 바다일 뿐이었다. 그 바다에 돛단배가 유유히 지나갈 때 비로소 그 바다는 꿈결처럼 아늑한 바다가 되었다.

유년 시절, 어머니가 없었더라면 우리 집도 그저 집이었을 것이다. 그러나 어머니가 있었기에 우리 집은 비로소 따스하고 아늑한 집이 되었다. 어릴 적 그 바다에 돛단배가 없었더라면, 우리 집에 어머니가 없었더라면….

요즘 나는 내 삶의 바다를 아름답게 만들어줄 돛단배가, 내 삶을 사랑으로 채워줄 어머니가 필요하다는 생각을 해보곤 한다. 경쟁의 대열에 있던 내가 그나마 이 세상에 의미 있는 일들을 끊임없이 찾으려 했던 것은 그 돛단배와 어머니를 내 가슴 깊이 간직하고 있기 때문이 아닐까.

세상이라는 잿빛 바다에 누군가 돛을 올리기만 하면 아름다운 세상이 우리 모두에게 펼쳐질 것이다. 우리의 가슴에도 조그마한 사랑의 돛을 올리기만 하면 각박한 삶이 생기 넘치는 삶으로 다가올 것이다. 바람도 햇살도 있고 다소곳한 산도 둘러선 바다를 만들어 내기는 너무나 어려운 일이다. 그러나 그 모든 것을 갖춘 바다에 돛단배를 띄우는 것은 어려운 일은 아니다. 내가 가정에 행복을 주는 사람이 되겠다고, 일터에 기쁨을 주는 사람이 되겠다고 마음을 먹는 순간 이미 우리 가정과 나의 일터엔 돛단배가 띄워진 것이다.

우리는 누구나 그 무엇과도 바꿀 수 없는 아름다운 장면을 간직하고 있다. 다만 유년 시절의 그 아름다운 기억을 잊고 사느냐 아니냐의 차이가 있을 뿐. 그때 그 장면으로 돌아가기만 하면 우리는 얼마나 고귀한 사람들인가.

나는 요즘 잠자리에 누우면 어릴 적 그 마당에 서 있다. 섬 사이를 잔잔히 떠다니는 돛단배가 보일 때까지 나는 그 자리에 서서 바닷내음을 맡는다. 참 아름다운 밤이다.

글쓰기 방법이 뭐냐고 물으면 나는 분명히
대답하고 싶다. "그냥 쓰세요"라고! 그러면 사람들은
그렇게 무성의한 대답이 어디 있느냐고 할 것이다.
우리는 학교에서 글 쓰는 방법에 대해, 법칙에 대해
수없이 배웠다. 문체니 기승전결이니 문법이니 어법이니…
그러나 그 법칙을 외워 백 점 맞았다고 글이 잘 써지던가?
여전히 글은 써지지 않았다. 왜 그럴까?

글 쓰는 법을 잊어야

내 삶을 글로 쓰려면 무엇을 강조하고
무엇을 생략할 것인가? 그것은 내가 무엇을 쓰려고
하는지에 따라 달라질 것이다. 시내를 걸어가면
수없이 많은 사물들이 스쳐 지나가는 데도
내가 관심을 두고 있는 것, 내가 가치 있다고 여기는 것만
보이듯이 내가 무엇을 그림으로 그려낼지는
내 관심사나 내 가치관에 따라 저절로 선택된다.

글은 그림으로 그려내야